伟大建党精神

颜晓峰 主编

# 力量之源

精神

黎博雅 编著

CIPG China Foreign Languages Publishing Administration 中国外文出版发行事业局
外文出版社 FOREIGN LANGUAGES PRESS

**图书在版编目（CIP）数据**

精神·力量之源 / 颜晓峰主编. -- 北京 ： 外文出版社，2024.1
（伟大建党精神）
ISBN 978-7-119-13397-3

Ⅰ. ①精… Ⅱ. ①颜… Ⅲ. ①中国共产党一党的建设一学习参考资料 Ⅳ. ①D26

中国国家版本馆 CIP 数据核字(2023)第 202935 号

出版指导：杨春燕
责任编辑：曹晓娟
图片提供：视觉中国　吴　雍　刘力新　海　峰 等
封面设计：婉　婉
内文设计：一瓢文化·邱特聪
印刷监制：秦　蒙

# 精神·力量之源

颜晓峰　主编
黎博雅　编著



出 版 人：胡开敏
出版发行：外文出版社有限责任公司
地　　址：北京市西城区百万庄大街 24 号　　邮政编码：100037
网　　址：http://www.flp.com.cn　　电子邮箱：flp@cipg.org.cn
电　　话：008610-68320579（总编室）　　008610-68996064（编辑部）
　　　　　008610-68995852（发行部）　　008610-68996183（投稿电话）
印　　刷：文畅阁印刷有限公司
经　　销：新华书店 / 外文书店
开　　本：787mm×1092mm　1/16
字　　数：150 千
印　　张：9.75
版　　次：2024 年 1 月第 1 版第 1 次印刷
书　　号：ISBN 978-7-119-13397-3
定　　价：48.00 元

# 总序
# 伟大建党精神与党的精神历程

100 多年前，中国共产党的成立，是开天辟地的大事变。从此，中国人民和中华民族有了马克思主义政党，有了“两个先锋队”。建党不仅是纲领、组织、思想上建党，而且也是精神上建党。习近平总书记经过多年深邃思考，在庆祝中国共产党成立 100 周年大会上的重要讲话中，首次明确提出“伟大建党精神”的重要范畴，科学提炼伟大建党精神 32 字的丰富内涵，精辟阐述伟大建党精神的重大意义。伟大建党精神，是党的精神历程的灵魂和主线，是党的百年乃至党的新征程的深厚精神之根、强大精神动力、基本精神准则。

## 伟大建党精神是建党时代的一面镜子和一束光芒

精神是历史的产物、时代的映照、实践的反映。伟大建党精神，即“坚持真理、坚守理想，践行初心、担当使命，不怕牺牲、英勇斗争，对党忠诚、不负人民”[1]，是中国近代以来特别是俄国十月革命和我国五四运动后历史进程的产物，是世界革命和中国革命时代大潮的映照，是中国先进分子举起社会主义旗帜实现民族复兴实践变革的反映。

一个时代有一个时代的精神气质。伟大建党精神并不仅仅是抽象的范畴，而是鲜明地显示了建党时代的时代精神、民族脉搏、人民呼唤和志士理想。伟大建党精神是苦难深重的中国觉醒的知识分子和先进分子追求民族复兴、救国救民的精神体现，是处于悲惨境地中国人民求翻身、求解放强烈愿望的精神体现，是新生的中国工人阶级作为先进阶级建立新社会的精神体现，是解决中国人民同“三座大山”的对抗性矛盾，呼唤战士、勇士、烈士的精神体现。

建党时代的中国，迫切需要民族的觉醒、人民的觉悟，伟大建党精神正是民族觉醒的光芒照射、民族觉悟的光芒闪耀，是“长夜难明赤县天”的一道道闪电。伟大建党精神是黑暗中带来光明的精神之光，建党的先驱们就是中华民族的光明使者。伟大建党精神是绝望中涌现希望的精神之光，表明只有社会主义才是中华民族的希望，只有在中国共产党领导下进行中国革命才能让希望成真。伟大建党精神是革命中挺立先锋的精神之光，激励了中华民族的无数优秀分子，为

1　习近平:《在庆祝中国共产党成立100周年大会上的讲话》，载《求是》2021年第14期。

了人民幸福、民族复兴英勇奋斗。伟大建党精神是压迫中激发力量的精神之光，是给全民族全体人民带来勇气、意志和力量的精神动力，是凝聚广大群众奋起反抗、投身革命的精神旗帜。

**伟大建党精神是中国共产党人精神谱系的红色基因和贯通血脉**

习近平总书记在党史学习教育动员大会上的重要讲话中，明确提出了“中国共产党人的精神谱系”这一重要表述，党的精神谱系是党的精神发展史的形象表述。党的精神谱系有着一系列重大精神成果，构成了红色文化、革命文化的宝贵结晶，伟大建党精神是党的精神之源。这个“源”就是党的精神谱系的红色基因，就是贯通党的一系列重大精神成果的共同血脉，基因强大、血脉强劲。

伟大建党精神集中体现了党的性质宗旨，全面塑造了党的政治本色，构成了党的精神谱系的红色基因。从建党时起，坚持真理、坚守理想就成为党的红色基因，要求全体共产党人坚定信仰马克思主义、共产主义。从石库门到红船，党的一大立下了党的初心和使命，这是伟大建党精神的核心。践行初心、担当使命，就是以人民幸福、民族复兴为己任、为事业、为使命，做真正的革命者。“要奋斗就会有牺牲”，要胜利就必须英勇斗争，从建党时起就要抱定这样的信念和准备。不怕牺牲、英勇斗争，是伟大建党精神中极为重要的品质。中国革命的艰险是罕见的、胜利是伟大的，这是依靠无数共产党人和革命群众付出巨大牺牲、坚持不懈斗争得来的。对党忠诚、不负人民，规定了党员与党、党与人民的根本关系。对党忠诚，就是不能在党的目标之外牟取私利，不能背叛党的事业。不负人民，就是全心全意为人民服务，一切从人民利益出发，不断为民造福，为人民利益坚持真理、纠正错误。

伟大建党精神是党的精神源头，源源不断流入了中国共产党人的精神谱系之中，贯通于党的精神历史之中。一是贯通于每段历史时期。党的百年波澜壮阔，经历了不同历史时期，伟大建党精神在每个历史时期都有其具体精神成果，是贯穿党的精神历程的总精神。二是贯通于每个精神成果。以伟大建党精神为起点，一代又一代中国共产党人顽强拼搏、不懈奋斗，先后形成了一系列伟大精神，构筑起了中国共产党人的精神谱系。伟大建党精神蕴含着中国共产党人的精神谱系的红色基因，是贯通中国共产党所有精神成果的共同精神品格。三是贯通于每种精神品质。党的精神成果都有特定的内涵和表述，都闪耀着共产党人的精神品质。分析这些精神成果的内涵表述，透视共产党人丰富的感人精神品质，可以看出，都与伟大建党精神有着密不可分的渊源关系，都是伟大建党精神的具体实现，伟大建党精神是贯穿党的每种精神品质的总精神。

## 伟大建党精神是中国共产党人精神世界的源头活水和根本旨归

伟大建党精神是由为数不多的共产党人创立的，但却影响广泛而深远，在一代代共产党人的精神血脉中传承和弘扬，深深融入党和党员的精神世界之中，每个共产党人的心中都装着一批伟大建党精神的杰出人物代表，都铭记着伟大建党精神的基本要求。每个共产党人都有自己的精神生活和精神世界，但都要受伟大建党精神的引领和支配。

党的百年历程，无数中华民族的先进分子加入中国共产党，一代代共产党人为党的事业而奋斗牺牲，伟大建党精神及党的伟大精神熏陶和塑造着上亿的共产党人。一是伟大建党精神教育党员一生一世。每个共产党员都是在入党前接受了党的思想教育，拥护党的纲领，遵守党的章程，志愿加入中国共产党的。每个党员在入党后，在党的集中教育和经常性教育中，在教育活动和自我教育中，都以不同方式、在不同程度上接受着伟大建党精神以及党的伟大精神的教育。二是伟大建党精神辐射党员标准准则。作为一名中国共产党党员，就必须严格按照党章的要求，遵守党章规定的有关标准准则。可以说，伟大建党精神是党员标准准则的根据、统领和主脉。每个共产党员坚持党员准则、贯彻党员标准、履行党员义务的过程，就是践行伟大建党精神的过程。三是伟大建党精神融入革命烈士、英雄人物、先进模范的事迹之中。伟大建党精神，在一代又一代中国共产党人身上继承发扬，特别是在无数视死如归的革命烈士、顽强奋斗的英雄人物、忘我奉献的先进模范身上得到集中体现。

无论每个共产党员的精神生活如何个性鲜明，但都要有一个根本旨归，这就是伟大建党精神。一是党员精神生活要与党的伟大精神保持一致。只要成为一名党员，就要时时处处自觉用党员标准要求自己，用党的伟大精神塑造自己，不仅组织上入党，而且更要思想上入党、精神上入党。二是党员个性要与党性保持统一。党性是对所有党员的基本要求和共同要求，每个党员都要坚持党性原则、坚守党性精神，做到个性服从党性，而不能让党性服从个性。伟大建党精神是党性的集中体现，坚持党性就要坚持伟大建党精神。从根本上说，伟大建党精神与党员精神生活并不矛盾，伟大建党精神是能够在广大党员的精神生活中得到实现的，广大党员丰富多样的精神生活是在伟大建党精神的统领下展开的。

天津大学马克思学院院长　颜晓峰

2023 年 5 月于北京

# 前 言

在伟大建党精神中，“不怕牺牲、英勇斗争”的精神指的是共产党员们将个人的生命和利益置于党和人民的事业之后，对党尽职尽责，无惧艰难险阻。1927 年 10 月，在湖南省酃县（现为湖南省炎陵县）水口街叶家祠，毛泽东主持新入党同志的入党宣誓仪式，带领他们郑重宣誓，“牺牲个人，努力革命，阶级斗争，服从组织，严守秘密，永不叛党。”[1] 为了党的事业哪怕奉献出生命，这是共产党员在入党伊始就许下的诺言。这种伟大牺牲精神来自中国共产党建党以来的实践，是对党自身历史的高度总结；来自早期中国共产党人在探索改变拯救中国的道路中将马克思主义基本原理和中国具体实际相结合的宝贵经验。

对党忠实者，无论顺境还是逆境，都始终保持着勇往直前的锐气和旺盛高昂的革命斗志。在长征的急行军中也好，在南泥湾几十里没有人烟的荒地深山里也好，都没有困难能

1　金冲及主编:《毛泽东传（1893—1949）》，北京：中央文献出版社 2004 年版，第 171 页。

够阻挡共产党人前进的脚步。“从古以来，中国没有一个集团，像共产党一样，不惜牺牲一切，牺牲多少人，干这样的大事”。[1] 翻开中国共产党的历史，每一页都浸透着血与泪。一百多年来，一代又一代的中国共产党人总是冲锋在最前线，像一尊尊丰碑刻画出了不同的名字：井冈山精神、长征精神、延安精神、西柏坡精神、抗美援朝精神、“两弹一星”精神、抗洪精神、抗震救灾精神……其背后的动人故事激发了中国人民强烈的情感共鸣，作为纽带在潜移默化中使人们形成了一种深沉的心理归属和民族情感。

2014 年 5 月 8 日，习近平在同中央办公厅各单位班子成员和干部职工代表座谈时的重要讲话中提到：“没有理想和信仰，不可能为党、为国家、为人民作出牺牲，共产党员应该为理想而奋不顾身去拼搏、去奋斗、去牺牲。”[2] 中国共产党人对党的事业的无限忠诚，根源自对共产主义信念和对马克思主义理论的坚持。一批中国先进分子建立起马克思主义信仰后就将整个生命都投身到社会革命中。党的早期理论家蔡和森为了保守党的秘密，身受种种酷刑直至牺牲，坚决不背叛党和革命。理想与信仰的力量如此之强，促使中国共产党人为之上下求索，流血牺牲。因此，中国共产党能从小

1　中共中央文献研究室编：《毛泽东文集》第三卷，北京：人民出版社 1996 年版，第 292 页。

2　中共中央纪律检查委员会、中共中央文献研究室编：《习近平关于党风廉政建设和反腐败斗争论述摘编》，北京：中国方正出版社、中央文献出版社 2015 年版，第 144 页。

到大，以弱胜强，绝处逢生，完成二万五千里长征的军事奇迹……

共产党人只有坚守全心全意为人民服务的孺子牛精神，才能毫不犹豫地为党、为国家、为人民作出牺牲。中国共产党来自人民，依靠人民，为了人民，它将为中国人民谋幸福、为中华民族谋复兴确立为自己的初心和使命。在不同时间、不同地点涌现出的一批又一批革命烈士、英雄人物、先进模范、人民公仆，他们中的大部分原本不是什么“大人物”，有一分热，发一分光，如像张思德一般的共产党员展示出了普通战士不普通的一生、在中国漫长的边境线上的无数名巡逻与站岗戍边战士充当了祖国安定的定海神针……忠实的共产党员把人民过上好日子和民族实现伟大复兴，作为自己矢志不渝的奋斗目标和根本追求，将人民立场视作自己的根本政治立场。

在和平年代，为中华民族谋复兴的历史使命正待新一代共产党人“流血”“献身”，接续奋斗。一百多年的事实告诉世人，中国共产党的理想并不是遥不可及的虚构，而是能够通过一个个阶段性目标和长短期计划逐步实现的。新中国成立之初，在很短时间内就制止了因长期战争导致的严重通货膨胀，实现了市场稳定和财政收支平衡。现在，中国共产党已经带领全国各族人民通过长期奋斗实现了远超历史上任何时期的跨越性发展，并继续向全面建成社会主义现代化强国迈进。在我国的建设史上，有“航空报国英模”

罗阳和归国地球物理学家黄大年等勇攀科学的高峰，也有谷文昌、廖俊波、右玉“绿化功臣”们殚精竭虑，鞠躬尽瘁，用毕生心血诠释了当代中国共产党人是真正改变世界的探路人。

如果没有这么多具体的故事作为诠释，那么后人很难全面准确地提炼出共产党人伟大的精神内核。这本书以讲故事的方式，展现不同时代背景下的中国共产党人是如何坚守党性原则，从黑暗走向光明，从屈辱走向复兴，始终走在正确道路上。

# 目录

第四章

## 敢闯敢试，鞠躬尽瘁

蔡和森

——党的早期理论家

长征中的李富春

——夜行高歌的『徒步旅行家』

南泥湾与三五九旅

——『一把镢头一支枪，生产自给保卫党中央』

第一章

# 筚路蓝缕 砥砺前行

早期马克思主义者们是在无数主义和思潮的百舸争流之中最终选择的马克思主义。林伯渠从清末就在为革命奔走，在前路困顿中马克思主义给了他新的方向。“我这个人，头15年是为了旧民主主义而奋斗，后25年是为了新民主主义而奋斗。”“我想，有亲身经历的人就能够体会到，十月革命不仅影响了中国的工人阶级和新的知识分子，而且影响了其他许多本来向往资产阶级国家制度而后来又对它感觉失望的人……”“我们常说中国、中华民族不会亡，可谁能挽救危亡？怎样才不会亡呢？我觉得，没有马克思主义或者不善于掌握马克思主义，是没有办法解决这个问题。”

一旦确定了对的方向，中国共产党的革命先驱们用实践始终追逐着马克思主义的真理和理想。1922年7月，中国共产党在上海召开了第二次全国代表大会，旗帜鲜明地将实现共产主义社会作为全党的最终奋斗目标。历史已经证明，伟大的先驱们矢志不渝、前赴后继地为实现理想而奋斗终生。李大钊临刑前慷慨激昂地说：“不能因为反动派今天绞死了我，就绞死了伟大的共产主义，共产主义在中国必然得到光辉的胜利。”真理如水，抽刀断水水更流；信仰如火，星星之火可以燎原。“古之立大事者，不惟有超世之才，亦必有坚忍不拔之志。”[1] 坚定的理想信念使得中国共产党人拥有了面对苦难与死亡的勇气和力量。

理想如火把，烛照着共产党人的奋斗之路。理想信念越崇高，精神境界往往就越高尚，意志也就更加坚定。今天的我们敬佩蔡和森毫无畏惧地面对牺牲，我们为之喟叹“雄关漫道真如铁”。先驱们的钢铁意志踏平了脚下道路的曲折坎坷，这是只有坚定的信仰才能创造的伟大。

1 ［宋］苏轼：《晁错论》，《苏轼文集》卷 4，第 107 页。

# 第一节

# 蔡和森

## ——党的早期理论家

蔡和森一生短暂却和中国革命、中国共产党历史紧密联结。他是中国共产党早期的重要领导人，无产阶级革命家和理论家，更是一位杰出的共产主义战士。蔡和森随着赴法勤工俭学热潮远渡重洋，将在法国“猛看猛译”的原初马克思主义传播回中国；并提议在国内建立一个马克思主义的政党，是提出“中国共产党”名称的第一人。

旅法时期，蔡和森就已经确立了马克思主义信仰，坚信中国应该实行俄国式革命。

1921 年 2 月 11 日，蔡和森致信陈独秀，表明自己是“极端马克思派”。他认为中国受国际资本主义压迫十分严重，失业严重，“现在中国四万万人有三万万五千万不能生活了……到了这个时候，革命之爆发乃是必然的趋势”。关于具体步骤，蔡和森认为：“在计划上讲起来，殊有于未革命以前，做一个大大的经济变化运动之必要。这个运动怎样

链接

蔡和森理想中的中国显然必须“打破资本主义经济制度”“把中产阶级那架机器打破（国会政府）”“建设无产阶级那架机器”，苏维埃“只有工人能参与，不容已下野的阶级参与其中”。关于实行阶级专政的必要性，蔡和森认为“不专政则不能改造社会、保护革命。原来阶级战争就是政治战争，因为现政治完全为资本家政治，资本家利用政权、法律、军队，才能压住工人，所以工人要得到完全解放，非先得政权不可。……无产阶级不获得政权，万不能得到经济的解放，比如生长于现政治下的工团主义（经济的职业的，而非政治的）充其量不过是运动到产业国有，由资本家的‘公司’里运动到资本家的‘国’里去，这不但于工人无益，而且反巩固‘资本家国’的产业组织，以后工人愈难解放”。俄国式的社会并非终点，共产主义一定会实现。“专政是由资本主义变到共产主义过渡时代一个必不可少的办法。等到共产主义的社会组织世界组织完成了，阶级没有了，于是政权与国家一律取消。”

做呢？就是我们无产阶级社会党，应亟于各大都会组织同阶级之失业者，最下层的贫困无告者，第一步公然起来向政府论南北要求‘生存权’和‘劳动权’，迫令政府即向五国银团大借实业外债。第二步要求监督实业借款的用途。第三步要求产业及政治管理权。”此外，蔡和森明确提出革命的“世界性”问题，“马克思社会主义乃是国际的社会主义，我们绝不要带地域的民族的色彩。中国的阶级战争，就是国际的阶级战争。”显然，蔡和森对未来社会的构想主要基于对欧洲社会工人运动的考察，完全遵循马克思主义的基本原则，强调无产阶级革命的国际主义色彩。

回国参加革命后，蔡和森成为中共中央宣传工作的负责人。他在《先驱》《向导》发表多篇文章，主编的《向导》为宣传中国共产党政策主张和国民革命高潮的兴起发挥了重要作用。在宣传无产阶级革命理论的同时，蔡和森对中国现实政治进行了深刻批判，并揭示出中国不能走资本主义道路的原因。中国资产阶级尽管现在微弱、无力，但是一旦取得政权，他们“凭着国家权力、军警、法律、议院高压工人阶级，他们以‘戒严令’统治工厂的工人，以‘枪毙’对待罢工者”。中国也不可能走实业救国道路，原因主要有两点：第一，国际资本主义始终以中国为原料地和市场，不允许中国发展成完全的大工业国。假如中国发展为工业生产国，那么国际资本主义无异于“养成杀他自己的刽子手”，希望借助外资发展中国实业的想法“只不过是一种梦想罢了”；第二，中国的资本家依靠国内资本也不能振兴实业，“集中国内资本，可以办得几个工厂，可以修得几条铁路？”“自近世资本主义国际化以来，业已把东方隶属于西方了，农业国隶属于工业国了，野蛮国隶属于文明国了，还能成立锁国自立的‘本国资本主义’吗？”基于这两点分析，蔡和森提出中国劳动运动的根本方针，即“早日在中国实行社会革命以

湖南长沙的蔡和森故居

链接

民主革命时期，中国共产党的主要任务是反帝反封建，但是为最终实现共产主义还应尽力宣传社会主义革命。“我们不但善于破坏一个旧世界，我们还将善于建设一个新世界。”

促成世界革命，用国际共产主义的资本开发中国的事业。”

1923年秋，蔡和森与邓中夏、瞿秋白等人共同创办上海大学，培养革命干部。蔡和森担任社会学教授，讲授“社会进化史”课程。在这期间，蔡和森研究了中国和世界各国的历史，并重新阅读了恩格斯的《家庭、私有制和国家的起源》以及列宁的《国家与革命》等书籍，用马克思主义的唯物史观科学地解释社会发展规律。

蔡和森讲授的“社会进化史”课程，以及在此基础上编写的《社会进化史》教材，深刻揭示了人类社会发展的一般规律和实现共产主义的历史必然性，为中国共产党和国民革命运动培养了大批干部，这是20世纪20年代一部杰出的唯物史观著作。这部著作对于宣传唯物史观和反帝反封建，鼓舞国民从事革命运动，仍具有重大意义。特别是对于未来共产主义社会的描述，无疑为读者描绘出一个

“大同社会”。

人的一生总要面对各种选择。1913 年蔡和森从双峰到长沙，1918 年又从长沙到了北京，1919 年底再到法国。正是经过一次次的抉择，蔡和森从一个勤工俭学的学生成长为中国共产党早期宣传家、重要领导人。1927 年国共合作的破裂，对于中国共产党人来说面临着严峻考验，革命意味着随时都有可能牺牲。1928 年，蔡和森夫人向警予牺牲，蔡和森被除去中央政治局委员、中央政治局常委职务。1929 年初，失意的蔡和森赴苏联担任中共驻共产国际代表。

直到 1931 年 1 月中旬，蔡和森才从莫斯科回国。1931 年 2 月 19 日，中共中央决定恢复蔡和森的中央政治局委员资格，任命蔡和森为江苏省委宣传部部长。3 月 25 日，中央决定派蔡和森担任两广省委书记，接替李富春工作。蔡和森原本希望去苏区工作，据蔡和森外甥女刘昂回忆：

是年秋冬之交，他回国参加党的六届三中全会，批判和纠正立三路线的错误。接着，和森同志向中央要求派他去瑞金中央苏区工作，理由是自己没有搞过农民运动和武装斗争。但是，党组织却派他任中央代表赴香港指导广东工作。那时广东党的组织被破坏得极为严重，省委书记邓发同志被捕（后经党营救被释放），广东笼罩着白色恐怖，已无可靠的立足点，省委机关只好设在香港。当时我刚从香港回到上海，仍与和森同志住在一起。我知道他要去香港，就对他说:“香港的情况很不好，白色恐怖严重。我在那里，曾和王稼祥、李六如等住过机关。王假装是我哥哥，李假装成我们的父亲，三人住三间小房子。在那里，为了躲避特务的侦缉，经常搬家，有时一天搬两次家。后来待不下去了，组织才决定让我们回上海。”我这样介绍香港的情况，是想劝他不要去香港，那里实在危险。但他并不在意，甚至不耐烦，他对我说:“干革命，哪里需要就去哪里，不能只考虑个人的安危”。和森同志有很强的党性和组织纪律性，只要是党组织的决定，尽管有不同的意见，但在行动上，他总是无条件服从。

1931 年 4 月 24 日，中央特科负责人顾顺章在汉口被捕叛变。由于顾顺章的叛变，恽代英被捕并被杀害于南京。中共中央得知此消息后，委托周恩来紧急处理此事。周恩来在陈云等的协助下，果断采取措施，将党的主要负责人迅速转移，将一切可能成为顾顺章侦查目标的干部迅速转移。此后，中共中央领导机关在上海的工作处境更加艰难，一度陷于停顿状态。于是中央决定改变工作方式，尽可能少地召开会议，采取分头负责的方法。

1931 年 5 月初，蔡和森辗转抵达香港，接替李富春担任两广省委书记。由于党组织遭到极大破坏，所以香港的党组织对于蔡和森的到来十分欢迎。他们想方设法为蔡和森选择合适的住宅，但都感到不理想。最后，蔡和森自己圈定一个住所，一家三口住在一个洋酒罐头公司的楼上。这套房子不太安全，同志们对于蔡和森的住址很不放心。但是，为了尽快恢复两广党组织，蔡和森对于个人生活这些小节并不在意，坦然住在这里。在白色恐怖异常严重的香港，蔡和森每天奔波在省委机关和工人群众之间，对工人进行阶级教育，恢复和重建党组织。尽管广东革命形势十分险恶，蔡和森还是以革命乐观主义精神鼓舞同志。对于蔡和森来说，每次外出工作，他都做好了被捕牺牲的心理准备。

1931 年 6 月 10 日，蔡和森出席海员工会的一次重要会议。蔡和森对省港大罢工的光荣斗争历史记忆犹新，很想重整海员工会的工作，发挥它的先锋作用。当时组织上已经掌握了顾顺章抵达香港的消息，因为顾顺章认识蔡和森，所以劝他多加戒备。家人和同志们认为目标太明显，非常危险，劝蔡和森不要到现场开会。但是蔡和森认为会议重要，不亲自去不放心。据蔡和森妻子李一纯回忆：

记得那是中午十二点，他将孩子紧紧抱在怀里，在房里踱来踱去，心里在考虑如何开好这个会以及应变的方案，孩子扯着他要听故事，他哪里会有心思讲故事，就把孩子交给我，对我讲："这个会我不去不放心，下午一点前我一定回来，如果没有回来，那就是被捕了……"

中午时分，蔡和森刚进入会场，顾顺章会同港警就逮捕了他，同时被捕入狱的还有王克全等人。党组织得到蔡和森被捕的消息后，立即派李少石通过一个社会团体与香港当局联系，答应用一笔巨款保释。但是，当李少石筹足这笔钱款时，蔡和森已经被引渡给广东军阀陈济棠了。据与蔡和森同一个监狱的同志所说：

和森同志受尽了严刑拷打，他大义凛然，坚强不屈，什么也没有承认，从容镇定地与敌人展开针锋相对的斗争。他被打得死去活来，皮开肉绽，监狱中的同志一边喂他饭一边落泪。敌人百般折磨他的肉体，摧残他的筋骨，但和森同志的斗争意志却更加坚定。他勉励同志们继续斗争，增强信心，说最后胜利一定是属于我们的。敌人最后把他杀（害）了。

蔡和森被捕后的具体情况已无从可查，但是从半个世纪后的一份敌伪档案，我们可以大体了解当时的情况。

经（审）讯，据该犯胡世辉即蔡和森供称：年三十七岁，江西萍乡县人，直认前在萍乡县立中学校毕业，曾充小学校教员，又曾在北京大学肄业。民国十五年往南洋吉隆坡埠，前在兢业两（高）等小学（任）教员。于民国十五年七月，由罗俊介绍我加入马来共产党。（民国）十六年八月，曾负责兢业学校支部书记。（民国）十八年春季，又改负责共党南洋临委委员兼宣传部长。直到今年四月，因共党广东省委各机关以及负责人多被破获，当由中国共产党中央写信寄去马来共产党中央，声明此事，请派三数干部同志来港，听候广东省委分配工作。今年五月，由马来共产党中央派我来港，并嘱我如到港时，通讯往湾仔洛克道四六四号三楼王世荣收，广东省委使有人找接头。我到港时依（嘱）迅（速）通讯，果有省委组织部良万俊找我接头谈话，并派我为负责省委宣传部干事。现又正由共党中央派我为负责广东省委委员。本指定李一秋为省委书记，因李一秋在沪未到，又由共党中央指定我为负责代理省委书记（主席）。

从这份供词可以看出，蔡和森并没有向敌人供出什么真实情况，敌人也没有因为这份“供词”而有所缉获，蔡和森所供述的绝大多数都是编造的“假材料”。虽然广东国民党当局并未从蔡和森的供述中有所收获，但由于认定蔡和森是“赤匪要犯”，再加上叛徒指认，最后决定将蔡和森枪决。这份密报中清晰记录了蔡和森的牺牲过程，即“除将该匪胡世辉即蔡和生（森）一名，当经于（1931 年）八月四日执行枪决”[1]。

蔡和森牺牲时，年仅36岁。在他被捕前，共产国际执委会已经通知中共中央，同意恢复其中共中央政治局委员职务。但是，此时蔡和森已动身赴香港。直到牺牲时，蔡和森都不知道这个消息……

1 韩泰华:《蔡和森的被捕与牺牲的历史情况》,《中共党史资料》2003年第1期。

## 第二节

# 长征中的李富春

## ——夜行高歌的“徒步旅行家”

中央苏区遭到国民党军队的大规模“围剿”之后，准备进行战略转移，部队从下至上的心情都是压抑的。在蒋介石布置的“铁桶计划”的步步紧逼下，形势万分危险，部队紧急集结。1934 年 10 月 17 日晚，中共中央、中革军委率领中央红军主力部队 8.6 万余人趁着浓浓夜色踏上了征程。这一次行军写下了人类军事史上传奇的一笔。红军在枪林弹雨和雪山草地中历经几番生死存亡，翻越 4000 米以上的雪山就有 20 多座，途中又经历了遵义会议和重大的党内斗争，足迹纵横 11 省，行程 25000 里，最终在陕北落脚。红军的胜利转移标志着国民党围追堵截并彻底消灭红军的企图最终宣告破产。为中国共产党北上抗日方针的实现创造了条件。长征途中红军伤亡惨重，但是保留下来的党和军队的珍贵力量，构成了以后领导抗日战争和解放战争的骨干。

1934 年 9 月 28 日，李富春离开了江西根据地，奔赴瑞

链接

长征无疑是一首由崇高革命理想与坚定革命信念一同谱写的伟大英雄史诗，是中国共产党人及其领导的人民军队革命风范的生动反映。

“革命理想高于天”，中国共产党从成立之日起，就把共产主义确立为远大理想，始终团结带领中国人民朝着这个伟大理想前行。党和红军几经挫折而不断奋起，历尽苦难而淬火成钢，归根到底在于心中的远大理想和革命信念始终坚定执着，始终闪耀着火热的光芒。

金。据他回忆，1934 年 10 月 10 日，自己就匆匆加入总政治部的队伍里，开始了长征。

对于当时很多人来说，中央红军战略转移的命令下达的很仓促。这也意味着事前在干部、群众中还没来得及做广泛的思想动员和前期准备，踏上征途的将士们对于前行充满了未知和迷茫。长征时，李富春是中国工农红军总政治部副主任、第三军团政委，代理总政治部主任。李富春在长征路上的主要工作是指挥全军政治工作，担负着保证队伍在行军、战斗中保持情绪高昂，以及维持军队纪律和军民关系的重要任务，同时还要就地进行军队的宣传工作和开展广泛的地方

链接

习近平总书记在2016年10月21日纪念红军长征胜利80周年大会上的重要讲话时提到：人无精神则不立，国无精神则不强。伟大长征精神，作为中国共产党人红色基因和精神族谱的重要组成部分，已经深深融入中华民族的血脉和灵魂，成为鼓舞和激励中国人民不断攻坚克难、从胜利走向胜利的强大精神动力！

武装力量动员。

中共中央要求总政治部做好长征出发前广大红军战士和中下层指挥员的动员工作。李富春刚到任就发布了一系列动员令。1934年10月9日，由他签署发布了《总政治部关于准备长途行军与战斗的政治指令》，要求思想上“提高部队的战斗情绪”，组织上巩固部队力量，加强突击训练和审查部队比较薄弱的环节，严格反对逃跑与投敌。军事上加强政治军事训练，适时提出“发扬攻击精神，突破敌人封锁线，坚决实行反攻”的政治口号，从政治上发挥出军队的攻击精神，提高军事素养。政治工作则需要政委与政治部做好应对长途行军与运动战中可能发生的恐惧、迟缓、不惯行军、大批落伍、失联、抛弃武器公物与疾病等现象的准备。做政治

中央红军长征出发地——江西于都

思想工作，在疲劳的行军中要采取灵活的方式，不能影响战士们随时准备战斗的情绪和旺盛的攻击精神。此外，要处理好军队与群众的正确关系，坚决反对脱离群众、破坏纪律的情况，在沿途加强对群众的宣传工作。1934 年 10 月 11 日，发布《总政治部对于目前进攻战斗的政治工作训令》，强调党和红军正处于“紧急的转变关头，英勇无敌的红军正担负着重大的、军事的、政治的任务”，“以紧张的政治工作发扬部队高度的战斗情绪与攻击精神，争取当前进攻战斗的

胜利，是目前各级政治委员与政治机关的迫切任务！”并且布置了各级政治委员与政治机关的工作。此时正值国民党对中共领导的中央革命根据地发动第五次“围剿”之时。1934 年 10 月 18 日，李富春以工农红军总政治部代主任的名义对中央红军发布了《为彻底粉碎敌人的第五次“围剿”而战斗》的命令，鼓舞士气。

后来，从李富春对长征的回忆来看，初期的夜行军虽然有不少环境上的不适应，但整体的纪律是很好的。士兵们按照要求转移，战士们的个人情绪、与群众的关系、伤兵处理等都做到了井井有条。

红军从中央苏区兵分几路出发后，为了不让敌人掌握红军的行踪和战略意图，大部分时间里，部队都在夜间转移，过的是昼伏夜行的行军生活。为了隐蔽军队的行军路线，以及避免敌机的侦察与轰炸，李富春跟着部队，不辞劳苦，在前有堵截，后有追兵，天上还有飞机轰炸扫射的情况下，在夜行军中克服了种种困难。

李富春具有超强的革命乐观主义精神，这种精神感染了其他同志。即便在长征行军中，他也能在危机与艰难中寻找乐趣。他在行军时，会观察留意红军战士们手中举着的参差不齐的火把。在寂静的山道上，燃烧的火焰就像是战士们心中熊熊不灭的革命信念，给李富春留下了深刻的印象。

点火把夜行军，是很壮丽的，走平坦大道，真是可以光照十里。穿过森林时，一点一点，一线一线的火光，在树林中，时隐时现，如火蛇钻洞，红光照天！过山时，先头的已鱼贯抵达山顶，宛如一道长龙，金光闪闪，十弯十曲地蜿蜒舞蹈！从山顶回头望去，山脚下火光万道，如波浪翻腾，一线一线一股一股地奔来，即使在钱塘江观潮，泰山上观日，也无此奇迹。

链接

在部队中做火把，一天比一天熟练，一天比一天进步。有的用较大的竹筒，钻空灌洋油点，有的则用松枝，利用松香汁燃烧。但这些都比较费材料，或者太费力。最好是找二三根较细的干竹，破成几片，合起并一节一节地捆起来，容易燃烧，光大且不怕风，也耐烧。

夜行军诚然没有李富春所说的这么轻松。据红一军团政治部秘书童小鹏回忆，自己长征途中因为连续夜行军，黑白颠倒的作息，使他每日都睡眠不足，身体疲惫不堪。

半夜，北斗星已高高在上，成千成万的红色英雄仍然在星光下前进，在地上发出“沙沙”的步伐声，在同志们身上，因为东西相互碰磨也不断“咯咯”地作响，路旁田野里更发出“唧唧”的虫鸣，其他一切均是静悄悄的，眼睛已开始同两腿发生冲突了，疲倦的眼皮时常想闭着休息，而两腿仍不断向前走去，为避免跌跤，逼得两眼不得不勉强睁大，不得不执行它的视觉任务。

李富春自然也会感受到身体的疲惫、道路的泥泞与国民党空中轰炸的焦灼。在贵州黎平至瓮安一带有民谣“上有骷髅山，下有八面山，离天三尺三。人过要低头，马过要下鞍。”而红军还要运行大批辎重，如遇到风雨恶劣天气，泥路湿滑，进退两难。而他还能将这个紧张枯燥的过程称之为“徒步旅行”，将自己叫作“徒步旅行家”，这大约便是一种于危难处仍豪情万丈的革命者的伟大品格。

据李富春回忆：“离敌人很近，或甚至要穿过敌人堡垒线时，夜行军是很肃静的，不准点火把，不准乱吃纸烟，不准谈话。然而当无敌情顾虑，月朗风清之夜，我们有时可以并肩而行，胡扯乱谈，有时整连整队半夜高歌，声彻云霄。这种夜间的行军乐，可以‘不知东方之既白’。这种行军乐趣，在总政治部的行列中，以至组成了潘汉年、贾拓夫、邓小平、陆定一、李一氓诸同志再加上我的合股‘牛皮公司’。同时也产生了所谓‘徒步旅行家’，这就是说，大家在行军中一路走一路谈，上下古今的乱谈，也忘记疲倦，也忘记骑马。”

李富春的这种积极昂扬的态度，必然也会体现在思想政治工作中。他深知鼓舞士气的重要性，要求政治工作人员以身作则鼓动全体战士的斗志。宣传上利用小传单、捷报等方式迅速把胜利消息传播全军，鼓励士气，并即时提出新的战斗口号。战斗结束后，抓住休息时间，举行短时的同乐晚会等。在进攻出发与敌人战斗前，可以召集短暂的支部大会、军人大会，解释军事命令、进行战斗前鼓动。李富春曾经这样鼓励其他军官：

我们的好处，是为敌人所无；敌人的坏处，也都是我们所没有。我们这次北伐，一定是可以得到胜利的。

李富春要求政治工作人员要具有吃苦耐劳、坚决勇敢、顽强抗战之精神，“责任是以百倍紧张的工作，克服任何困难，迅速了解下层情绪，及时解决下层问题”，用坚强的毅力去征服困难，发扬吃苦耐劳的精神。

在长征途中，李富春临危受命，做了几次关键战斗的战中动员。1935 年 4 月，红军由贵州向云南推进，为了争取红一、三两军团渡过皎平渡的时间，毛泽东发出命令，红一、三军团迅速奔赴皎平渡，红五军团为其掩护，这次战斗要做到不计一切代价阻击敌人脚步，保证红军主力渡江。李富春接受了深入红五军团进行思想动员的任务。根据当时参与战斗的张南生回忆，抵抗敌人进攻的第五天，敌人两支部队云集在红五军团最后一块阵地的山脚下，形势骤然紧张起来。李富春就在这时候到达阵地。他代表中共中央和军委对红五军团全体指战员进行慰问，然后传达了中央军委和毛泽东对战事的具体指示。他告诉全体指战员：“数万红军正依靠几只小船，在毛主席亲自指挥下日夜渡江。现在已渡过三分之二，只要我们能再坚守三天三夜，蒋介石数十万军队的围追堵截即要宣告破产。”李富春非常坚定地说：“毛主席要我告诉同志们，中央相信五军团是能完成这个伟大而艰巨的任务的！”据回忆，毛主席派李富春同志来到前线的消息传到哪里，哪里的战斗情绪就更加旺盛。在李富春激昂的演讲鼓励下，红五军团的战斗信念凝聚成坚定顽强的战斗力量，这最后的阵地，整整坚持到第九天傍晚，才接到中央下达的撤离命令。红军全部及时渡过了金沙江。1935 年 6 月 29 日，中央革命军事委员会决定红一、红四方面军协同作战，消灭松潘地区国民党军队，向北突破。

从李富春身上，我们看到了伟大的长征精神。除了不怕任何艰难险阻，不惜付出一切牺牲的精神，长征的胜利还需要昂扬的斗志、乐观的精神和坚定的信仰。毛泽东在长征途中写下《七律·长征》《忆秦娥·娄山关》《念奴娇·昆仑》等多首诗词，这些诗词并没有对途中的苦难和牺牲大书特书，而是饱含着英雄豪迈气概。这有力地证明了共产党人坚定的理想信念是推动我们事业不断前进的伟大动力和根本保证。理想之所以崇高，常常也是因为它的实现本身就是一种挑战，理想越远大，实现就越曲折艰难，需要的时间就会越长。有志者要对此做充分的思想准备，始终要对前途充满信心。中华民族要实现伟大复兴，同样是光荣而远大的理想，因此也不会一蹴而就，需要中国共产党和全国各族人民长期的努力。

链接

**七律·长征**

红军不怕远征难，万水千山只等闲。
五岭逶迤腾细浪，乌蒙磅礴走泥丸。
金沙水拍云崖暖，大渡桥横铁索寒。
更喜岷山千里雪，三军过后尽开颜。

——毛泽东

# 第三节
# 南泥湾与三五九旅
## ——“一把镢头一支枪，生产自给保卫党中央”

全面抗战初期，除国民政府发给八路军军饷的节余部分之外，边区财政收入还有海外华侨、国内民主人士和抗日团体的捐款作为资金支持。得益于此，边区可以有较轻的赋税。但随着抗日战争相持阶段的到来和国共摩擦加剧，陕甘宁边区的经济情况急转直下。到 1940 年秋，国民政府停发八路军军饷，并对边区实行经济封锁，边区的外援几乎全部断绝。同时，雪上加霜的是，边区内受到多种严重自然灾害的侵袭，收成减产，本就贫瘠的土地难以供应党、政、军机关所需。

1939 年 2 月 2 日，中共中央在延安召开了面向党政军的生产动员大会，毛泽东在会上发出“自己动手”的号召。由此，从中共领袖到普通工作人员、从各级党政群机关到部队学校，都有了生产任务并普遍开展了生产运动。根据中华人民共和国开国大将萧劲光后来回忆，毛泽东把陕甘宁边区的党政军负责人高岗、林伯渠及其本人叫去谈话，和他们说摆在前面的路有三条——要不放弃革命，要不饿死，要不就只能靠双手自力更生，共同克服困难。很明显，只有第三条路大家会赞成，自力更生是打破封锁、克服困难的最有效最根本的办法。

受限于自然环境，陕北的农业并不发达。这里的土地比较贫瘠，加上气候干旱，降水稀少，沟壑蓄水不足，所以主要种植的是一些耐旱作物，比如玉米。而南泥湾位于延安东南部，是一条狭窄溪谷，南盘龙川和九龙川两河在此汇合，因此森林繁茂，土壤肥沃，历史上曾是人烟稠密的地区，后因清朝政府制造民族矛盾，及近代军阀横行、土匪劫掠，老百姓纷纷逃离家园。该地区也因此成为一片荒岭。1940 年，《陕甘宁边区森林考察团报告书》建议对南泥湾进行开垦。这个建议受到了中央的重视。经过朱德、王震等多次实地踏勘，南泥湾不仅有农业生产的潜力，更是屯兵戍守陕甘宁边区南大门的关键位置。于是，朱德总司令调八路军一二〇师三五九旅进驻南泥湾屯垦。从 1941 年到 1942 年，王震率领三五九旅一方面负责保卫陕甘宁边区东线和南大门的安全，一方面响应中共中央的号召，进驻南泥湾实行屯垦开荒，参加边区的大生产运动，并创造出当兵的不吃公粮而向政府交粮的奇迹。

三五九旅是一支经过两万五千里长征的英雄部队，曾在抗日前线浴血杀敌，战斗力强，立过多次战功。从1941年到1942年，三五九旅先后分四批开进南泥湾。三五九旅旅长王震曾是粤汉铁路上的一名铁路工人，18岁时加入了中国共产主义青年团，同年加入了中国共产党。在大革命失败后，他流亡武汉，靠着拉黄包车养活和保护了十多名党内知识分子。1941年3月，他与第二批部队抵达南泥湾，随即要求部队投入到开荒生产中去。

南泥湾需要开垦的是真正的荒地，几十里没有人烟，仅有的村镇只有几户人家，几间破烂不堪的窑洞。山野没有人类活动的痕迹，遍地齐人高的荒草，深山里树木遮天蔽日，野兽隐蔽其间，有的地方落叶垒起来有一尺多高，行走都十

链接

三五九旅刚到南泥湾时，王震向全旅干部做了动员讲话，他说：一手拿枪，英勇顽强地消灭一切敢于来犯的敌人；一手拿镢头，在广阔的荒山野岭里开荒种地；以多打胜仗消灭敌人，搞好生产多产粮食的实际行动，保卫党中央，保卫延安，保卫陕甘宁边区，粉碎国民党顽固派对延安的经济封锁。他还号召当年每人完成开荒6亩，定下全旅开荒1万多亩，产粮1000多石的奋斗目标。

分困难。尤其是头一批部队来时还是冬天，夜间露宿，狼嚎虎啸，寒风刺骨，大家衣单被薄，根本不能御寒，许多人都是彻夜难眠。为了御寒和提防野兽袭扰，就捡些树枝、柴草，点起堆堆篝火，大家围着篝火，才能渐渐入睡。为了不被野兽袭击，有的战士会暂时住在树上。后来搭起临时帐篷，挖了土窑洞，情况才有所好转。

部队也没有基本的生产工具，需要从制造农具，搭建草棚，挖窑洞开始。农具奇缺的时候，一个班只能分到两三把开荒用的镢头，战士们只能想办法搜罗废铁，自己用土法炼铁水，再打成农具。他们派人在距临镇不远的宜川的山沟里，找到有千斤重的破铁钟；还派人从黄河偷渡到日军占领区的火车站把敌人的钢轨锯成小段，用毛驴驮回来。延安革命纪念馆中，现在还陈列着三五九旅战士们使用过的镢头。

为了迅速掀起开荒生产的热潮，王震提出“上至旅首长，下至伙马夫，一律参加生产，不使一个人站在生产战线之外”的口号。三五九旅的指挥员们争相作表率，在生产中涌现出很多劳动模范，创造出许多劳动经验。王震身先士卒，为自己特制了一把大号板镢，到各团检查生产时就扛在肩上，走到哪里，挖到哪里。为加强生产领导，从旅部到连队，都成立了生产委员会，干部战士都编入了农作小组，王震将旅部的公务员、饲养员、炊事员、通讯员等组成一个小组，亲自兼任组长。为了使生产少走弯路，他请了一位71

岁的老农民朱玉环当生产顾问。同时，在开荒种地的过程中，王震不仅亲自参加劳动，还特别关心战士的生产和生活，每次下连队检查生产，总要到伙房了解伙食情况，看饭菜好不好，发现问题亲自找司务长、炊事班长研究解决。有时还亲自下厨给战士们炒菜吃。

对于生产的情况，1944 年，王震在接受记者采访时谈道：

本部全体指战员正进行开辟荒山梢林，驱逐野兽豺狼，进行紧张愉快的生产战斗。新开垦的山岗川野及黑色肥沃土壤，触目都是。至四月十八日，每人即可完成耕地二十五亩（其中开荒约占三分之二），亦有部分人员将超过此数。谷雨将至，部队将于十九日普遍开始播种，谷雨后，各部再突击开荒，谷子、苞谷、洋芋将依期下种，一起播种完毕，即转移主力，大量开辟水田、凿井、筑堤、引水成渠，变南泥湾川溪为稻田。遍山长满糜谷，成为坚持抗战的自给粮食仓库。今年贺师长给本部的农业生产任务为细粮三万六千石，棉花五万斤，现在全体指战员正以积极生产的热情，争取超额完成上级所给的任务。官员除从事运输、手工业及警戒勤务外，每人种三十亩地，耕地总面积为二十四万亩。其中翻种去年熟地十万亩，新开生荒十四万亩。鉴于过去种的粗糙，今年特别强调精细。依延安县劳动英雄吴满有等的指教，多选择长狼牙刺和老梢林的阳坡地，地质都很好。开荒实在费劲，但军人们都相信开的这种老荒地，收获量将会很高。他们像在战斗中一样的奋勇，在荆梢密布的山林中，他们伤了手，肿着胳膊，还是勇往直前。现在因为刨梢被狼牙刺刺伤中毒、开刀施行手术者达二十五名之多；并有刘参谋长刨梢施力过大伤腰，但他们始终感到为国为民劳动，是光荣的。这种为完成任务不惜自我牺牲与热爱劳动的精神，标志着革命军人的崇高品质。[1]

王震以身作则的精神，极大激发了三五九旅全体官兵的生产热情，他们先后组织开荒比赛，涌现出了一大批劳动英雄。经过 3 年的努力，不仅全部经费物资（包括衣服）达到自给，而且还有余额。据统计，1941 年至 1944 年共开荒地 26.1 万亩，产粮 3.7 万石，上缴公粮 1 万石，做到了“耕一余一”；并且建立了纺织厂、毛纺厂、缝纫厂、鞋厂、肥皂厂、造纸厂、瓷器厂、铁工厂、木工厂、皮革厂等十几个工厂。在王震带领下，三五九旅把荒无人烟的南泥湾变成了“陕北的好江南”。

1943 年 1 月 14 日，中共中央西北局高级干部会议表彰了领导经济建设成绩卓著的领导人王震、习仲勋等 22 位劳

1 《南泥湾部队生产红火——王震同志视察归来发表谈话》，《晋察冀日报》，1944 年 4 月 22 日第 4 版。

模。毛泽东给王震题词是“有创造精神”，给三五九旅的题词是“发展经济的前锋”。

1943年10月下旬，毛泽东同任弼时、彭德怀到南泥湾视察三五九旅屯垦情况。在三天的时间里，毛泽东深入部队驻地，了解战士们的生产和生活情况。他对战士们说：“国民党要困死我们，饿死我们，它越困，你们越胖了。看！困得连柳拐子病都消灭了。”毛泽东指出：“困难并不是不可征服的怪物，大家动手征服它，它就低头了。大家自力更生，吃的穿的用的都有了。目前我们没有外援，假定将来有了外援，也还是要以自力更生为主。”[1]

在屯垦过程中，三五九旅官兵有个共识：八路军是革命的队伍，生产的任务也是战斗的任务。他们自觉地把生产任务同民族的解放事业紧密结合起来，把向大自然开战同消灭日寇、开展对国民党顽固派的斗争紧密联系起来，胸怀远大目标，立足当前生产，敌人来了，拿枪去战斗，保家卫国；敌人不来，就发展生产，减轻人民负担。他们几年如一日，以苦为乐，以苦为荣，昂扬奋发，默默奉献，用自己的血汗和生命浇灌了南泥湾这块沃土，谱写了一曲曲战天斗地、气壮山河的凯歌，生动体现了中国共产党全心全意为人民服务的宗旨，体现了人民军队为了人民的解放事业而无私无畏的

1　延安革命纪念馆编：《圣地延安》，陕西人民出版社1987年版，第89页。

八路军三五九旅战士割回藤条编制各种筐具

献身精神。

南泥湾是大生产运动的一个缩影。全边区男女老少为了生存都积极行动起来，到处都在开展劳动竞赛，周恩来还曾经被评为纺线模范。1945 年 4 月 27 日，毛泽东在为《解放日报》撰写的社论中指出，一九四二和一九四三两年先后开始的带普遍性的整风运动和生产运动，曾经分别地在精神生活方面和物质生活方面起了和正在起着决定性作用。这两个环子，如果不在适当的时机抓住它们，我们就无法抓住整个革命链条，而我们的斗争也就不能继续前进。[1]

南泥湾精神的核心是自力更生，艰苦奋斗的精神。当时陕甘宁边区的军民缺衣少食，还要抗击外敌。中国共产党和八路军没有将负担转嫁到人民身上，而是在生存面前选择了生产自救，一手拿枪，一手拿镐，一边与敌斗，一边与天斗，用辛勤的劳动来对抗难关，彻底粉碎敌人企图饿死、困死边区军民的阴谋，为巩固根据地革命政权、争取抗战胜利奠定了物质基础。南泥湾精神的底色是中华民族吃苦耐劳、顽强坚韧的传统。这一精神不仅仅在南泥湾大生产运动时期，在社会主义建设时期，在全面建设小康社会时期不断得到发扬。中国人民几十年艰苦奋斗取得的成就，归根结底是中国人民在中国共产党领导下不断奋斗干出来的。大家一致认为，从来就没有什么救世主，要创造人类的幸福，全靠我们自己！

南泥湾是一个永远不老的神话，因为它带有人类求生存的最原始的欲望与努力，八路军第三五九旅垦荒屯田的故事被写成歌曲《南泥湾》，它是劳动和汗水谱写的歌曲，充满自力更生、丰衣足食的喜悦和欢庆。一直传唱至今：

---

1 《论军队生产自给，兼论整风和生产两大运动的重要性》，《毛泽东选集》第三卷，人民出版社 1991 年版，第 1107-1108 页。

花篮的花儿香，听我来唱一唱，唱一唱。
来到了南泥湾，南泥湾好地方，好地方。
往年的南泥湾，处处是荒山没呀人烟。
如今的南泥湾，与往年不一般，不一般。
如今的南泥湾，与往年不一般。
再不是旧模样，是陕北的好江南。

张思德——『为人民服务』

抗美援朝——『保和平，为祖国，就是保家乡』

卫国戍边——『清澈的爱，只为中国』

第二章

# 对党忠诚
# 坚守使命

“对党绝对忠诚”，不是一句口号，而是实实在在的行动。中国共产党要求党员必须忠于组织，忠于人民，忠于共产主义事业。

链接

我们党一路走来，经历了无数艰险和磨难，但任何困难都没有压垮我们，任何敌人都没能打倒我们，靠的就是千千万万党员的忠诚。对党忠诚，必须一心一意、一以贯之，必须表里如一、知行合一，任何时候任何情况下都不改其心、不移其志、不毁其节。

**——2021 年 3 月 1 日，习近平在中央党校（国家行政学院）中青年干部培训班开班式上的讲话**

中国共产党人的忠诚源于远大理想，它来自对千年来封建剥削的反抗，来自对自由平等的追寻，来自对美好生活的向往。这个政党的成员有知识分子、工人、学生、军人、农民……散布于世界各地，却因为理想的指引殊途同归。毛泽东说，“孩儿立志出乡关，学不成名誓不还。埋骨何须桑梓地，人生无处不青山”，周恩来说，“为中华之崛起而读书”。他们的追求超越了个人范畴，关乎人民和人类的前途命运。或者说，他们“先天下之忧而忧，后天下之乐而乐”，把个人幸福的获得置于全体人民幸福的获得之后。

对党忠诚和不负人民是高度统一的。《共产党宣言》鲜明地指出：“共产党不是同其他工人政党相对立的特殊政党，他们没有任何同整个无产阶级的利益不同的利益。”中国共产党代表中国最广大人民的根本利益，《中国共产党章程》指出“党除了工人阶级和最广大人民群众的利益，没有自己特殊的利益。”具体来说，美好的社会是无数个体努力结果的集合，共产党员是其中的先锋队。带头参加改革开放和社会主义现代化建设，带动群众为经济发展和社会进步艰苦奋斗，在生产、工作、学习和社会生活中起先锋模范作用是每一个党员应尽的义务。什么是爱国爱人民？能将爱国之志变成报国之行，将个人的一切献给最伟大的事业的行为，就应当属于这个范畴。“砍头不要紧，只要主义真”是对人民和革命的耿耿丹心，作为群众中的先进分子忠于职守、默默奉献，为人民做实事，同样是为人民服务。中国共产党人作为平凡的个体，从事平凡的工作，是伟大的革命或建设事业中不可或缺的一部分。

中国共产党人身上有着对他人、社会和国家的忠诚与担当。这种强烈的责任意识促使其自愿自觉地在实践中去履行职责。不管在什么岗位上，他们都能够兢兢业业、精益求精。如若组织和人民需要，再艰巨的任务也勇于承担。同样，中国共产党领导的革命军队并不是为了私利在战斗，它“紧紧地和中国人民站在一起”。张思德、抗美援朝战士、卫国戍边战士，一代代军人的誓言蕴含着相同的内涵，那就是：忠于使命，忠于国家。

# 第一节

# 张思德

## ——“为人民服务”

1944年9月8日清晨，同志们纷纷进山，采摘野花，扎成花圈。下午，首长和战士们陆续赶到延安西山脚下。在这里，中共中央直属机关正在举行追悼会，沉痛悼念战士张思德。

张思德只是一名普通的士兵，他参加过长征，也曾在战争中负过伤，在大生产运动中纺过线、烧过炭。张思德又是一名不平凡的战士，从战士到班长，再从班长到战士，张思德的每一步都从人民的利益和党的实际需要出发，对待每一份工作都是由衷热爱、一丝不苟。

他牺牲时，抗日战争已经进行到后期。1944年初，张思德响应党中央大生产运动的号召，主动报名参加中央机关组织的生产小分队，到当时的安塞县石硖谷办生产农场，并被选为农场副队长。9月5日那天下着雨，张思德带领突击队进山赶挖新窑。中午时分，炭窑在雨中突然崩塌。电光火

张思德在烧木炭窑中

石间，张思德将战友推出窑口，自己被埋在了废墟之中，29 岁的生命戛然而止。

张思德牺牲的消息传到延安后，大家都为失去这样一位可爱的战友而难过。日理万机的毛主席，在延安得知张思德同志牺牲的消息后，心情十分沉痛。他把警卫队队长古远兴叫到窑洞里详细询问了情况，严肃地说：“前线打仗，是免不了要死人的；但后方搞生产出事故死人，是不应该的。”

第二天，古远兴又去毛主席那里请示，说石峡峪到延安有七八十里地，天热路又不好走，张思德的遗体运回来不方便，是不是就在当地掩埋。毛主席看了古远兴一眼，说："小古呀小古，古人说，叶落归根，入土为安。张思德虽然回不了老家，我们也不能把他埋到荒天野地里哟！"并当即作了三条指示："第一，要把张思德身体洗干净，穿上新衣服，入殓前要派战士给他站岗；第二，买一副棺材，运回延安；第三，要给他开个追悼会，我要参加，还要讲话。"

就这样，三天之后，中央直属机关举行了"追悼张思德同志"大会。毛主席亲自将花圈献在土台子中央，挽联上写着：向为人民利益而牺牲的张思德同志致敬！毛泽东低头默哀后缓步登台，作了《为人民服务》的著名演讲，给张思德同志的一生做了最全面的评价。

我们的共产党和共产党所领导的八路军、新四军，是革命的队伍。我们这个队伍完全是为着解放人民的，是彻底地为人民的利益工作的。张思德同志就是我们这个队伍中的一个同志。人总是要死的，但死的意义有不同。中国古时候有个文学家叫作司马迁的说过："人固有一死，或重于泰山，或轻于鸿毛。"为人民利益而死，就比泰山还重；替法西斯卖力，替剥削人民和压迫人民的人去死，就比鸿毛还轻。张思德同志是为人民利益而死的，他的死是比泰山还要重的。

这段著名的讲话解释了为什么张思德的牺牲需要被追思。因为他在面对个人利益与人民利益冲突时，选择了通过牺牲个人来保全人民利益；并且，这样的选择发生过许许多次，已经融入了他的生活。

1915 年，张思德出生在四川省仪陇县六合场一个贫苦的农民家庭。1933 年，18 岁的他参加红军，在炮火硝烟中成为一名坚强的红军战士。同年加入中国共产主义青年团。他作战机智勇敢，曾在一次战斗中创造一人夺得两挺机枪的优秀战绩，并先后多次负伤。1935 年，他随红四方面军参加了长征。1936 年到陕北后，进入云阳荣誉军人学校学习并养伤。1937 年，张思德加入中国共产党。工作中，他总是承担最困难、最艰苦的工作。1938 年春，他被调到云阳八路军某部留守处警卫营担任班长。1940 年春，被调到中央军委警卫营任通信班长。1942 年 11 月，部队合并整编，干部要精简下派，张思德被派去中央警卫团 1 连当战士。当时的他毫无怨言，愉快接受，他说："当班长是革命的需要，当战士也是革命的需要。"不久，他被调到了延安枣园，在毛泽东等中央领导同志身边执行警卫任务。他把全部心血都倾注在警卫工作中，兢兢业业地做好每一项工作。他还经常帮助战友补洗衣服、编草鞋、喂战马、挑水烧火、采药防病、站岗放哨，带头帮助驻地群众进行生产劳动，全心全意地干好每一件革命工作。

张思德生前留下很多感人事迹。1940 年春，留守处警卫连从“荣校”调到甘泉下寺湾。下寺湾是个小山村，这里当年曾经驻扎过红军，乡亲们对八路军比较了解。因此，当警卫连来到村里时，村里顿时热闹起来了。他们把战士领进窑洞，给战士们送来小米、红枣，孩子们争着要八路军叔叔抱，乡亲们就像当年欢迎红军一样欢迎八路军。

多年来，张思德养成一个习惯，每到一个新地方，就放下背包，挑起水桶，总是先要把房东家的水缸挑得满满的，然后，再拿起笤帚把房东的院子打扫得干干净净。这天，张思德一到下寺湾，就放下背包，和全班同志一起，除了挑水扫院子外，还把村头的一座小桥修得结结实实的。夜幕渐渐降临，老乡们早已把腾出的窑洞打扫干净，把炕烧热，战士们一进窑洞，就像进了温暖的家一样，心里暖融融的。张思德躺在炕上难以入眠，心想，多好的乡亲啊！

天快要亮了，忽然，他听见有人喊：“打狼啊，打狼啊，狼叼走羊啦！”张思德匆忙爬起来，操起枪冲出窑门，向喊声方向跑去。一位老大娘焦急地指着山坡说：“狼把我家的羊叼走了！”张思德抬头一看，果然有只大灰狼拖着山羊往山上逃跑。张思德飞快追了上去。连里其他一些战士闻讯也赶来了。

狼拖着羊在前面没命地奔逃，张思德在后面拼命追赶。距离越来越近。张思德正想开枪，但他转念一想：天还没亮，万一摸黑打中了山羊，岂不是给老乡造成了损失，不能开枪。他只能继续紧追，离狼越来越近了，但一直追下去也不是办法。张思德急中生智，先是朝狼的附近放了两枪进行威慑。狼听到周围的枪声，果然丢下羊就往山上逃走，张思德赶紧补上一枪，把狼撂倒在山坡上。

闻讯赶来的乡亲们见张思德和战士们把羊抬回来，都十分感激。老大娘抓住张思德的手，激动地连声说："多谢你们啦！多谢你们啦！"张思德说："不用客气，这是应该的。"

在下寺湾住了一段时间后，有一天，连队休整，张思德到村头担水时碰到了连长，就把自己的想法告诉了连长："这里的群众对我们部队很热情，他们为了我们部队有房子住，几乎把所有能腾的房子，全都腾光了。据我观察，老乡们的房子也太紧张了，我们一来，许多群众只好一家人、甚至几家人合住在一起。看到这种情况，我很不忍心。为了给老乡减少麻烦，除了伤病员外，我认为，咱们应该发动身体已经康复的同志，自己盖几间简易房，供部队暂时住宿，等我们走了还可以给群众住。"

"好啊，这想法很好！"连长拍拍张思德的肩膀，表示赞许。

于是，连队党支部讨论决定，突击搭建简易房。没几天，村头山脚下的阳坡下面，三间房子的架子就搭起来了。自己的建议能得到连长的采纳，张思德觉得格外高兴。在建房过程中，他比谁干得都欢快。扛木头，他挑最粗的；背石头，他挑最重的。正在这时，上级来了通知，要求连队三天后调防到延安去。听到这个消息，同志们都十分高兴。延安是他们所向往的地方。但是，有的同志觉得房子自己也住不上了，所以干活劲头就没那么足了。

张思德为能回延安而高兴，但看到有的同志开始疲懒，又觉得这种做法不可取，于是和战友聊天时他提出了自己的想法："我们常说，参军为革命，当兵为人民，现在我们部队就要走了，可我们的房子才盖了一半，能不能在我们走前抓紧时间，把房子盖完呢？"和他相处时间较长的战友们都知道，张思德有这样一个脾气：他想干什么，要求战士干什么，自己有什么想法，除了是上级领导命令的或指定要做的，他总是采取商量、诱导的方式，征求别人的意见，从不强加于人。当战友们明白了班长的意思，大家你一句我一句地接开了话茬：

"是啊，应该盖完。"

"只要每个人多出把力，突击一下，走前盖完这几间房子没问题。"

"我们住不上，盖好留给老乡住，那岂不是更有意义吗？"

"我们把房子盖完后，起个名就叫'八路房'好吗？"

全班战士一致支持张思德的意见。三间房子也终于赶在连队调防前完工了。竣工的那天，老百姓还为部队送来了几串鞭炮，劈劈啪啪地放了一阵，以示庆祝。三天之后，当部队启程离开时，乡亲们才如梦初醒，原来部队突击搭建的房子是留给他们的。

时刻将百姓的财产保护好，帮老乡打好窑洞，这样的事情还有很多，尽管不是丰功伟绩，但张思德在平凡生活中做到了不平凡，在每一个岗位上都尽职尽责，每时每刻都考虑

链接

张思德精神是中国共产党人在领导中国革命的实践中形成的全心全意为人民服务根本宗旨的具体体现。毛泽东将张思德精神概括为为人民服务的精神，后来毛泽东在中共七大的政治报告中对于为人民服务又做了进一步阐述："我们共产党人区别于其他任何政党的又一个显著的标志，就是和最广大的人民群众取得最密切的联系。全心全意地为人民服务，一刻也不脱离群众；一切从人民的利益出发，而不是从个人或小集团的利益出发；向人民负责和向党的领导机关负责的一致性，这是我们的出发点。"毛泽东对于为人民服务实质的概括，把张思德精神的境界提升到了一个新的高度。

到人民的利益，真正践行了全心全意为人民服务的根本宗旨和毫不利己专门利人的共产主义高尚情操。

在抗日战争走向胜利的关键阶段，张思德精神对于阐明党和人民军队宗旨，对于鼓舞群众斗志、促进人民团结产生了广泛的影响并有着深刻的意义。“为人民服务”这句话，从此流传开来，既为党和军队指明了方向，也赢得了人民的支持和信任。今天，仍保留着这样标志性的口号——“同志们辛苦了！”“为人民服务！”

在中国革命中，中国共产党及其领导的人民军队，时刻为人民着想。正是因为有全心全意为人民服务的张思德精神，我们的军队才是人民的军队，和人民亲如一家，中国的革命事业才能取得成功。因为有张思德精神，中国共产党领导的革命军队，才能不拿群众一针一线，我们的事业才会有

链接

2009 年 9 月 10 日，在中央宣传部、中央组织部等 11 个部门联合组织的“100 位为新中国成立作出突出贡献的英雄模范人物和 100 位新中国成立以来感动中国人物”评选活动中，张思德被评为“100 位为新中国成立作出突出贡献的英雄模范人物”之一。

千千万万人民的支持，才能不断地从胜利走向胜利。

在社会主义建设事业中，无数中国共产党人通过自己的实际行动在践行着这一精神。确保党始终立党为公，执政为民，始终成为把人民对美好生活的向往，作为自己的奋斗目标。中国共产党的每个党员应该忠实践行党的宗旨，始终坚持全心全意为人民服务，时刻牢记着张思德精神。

## 第二节
# 抗美援朝
## ——“保和平，为祖国，就是保家乡”

在辽宁省丹东市抗美援朝纪念馆中，为纪念抗美援朝这一正义的伟大胜利树立了一座高塔。高塔背后刻有塔文，内容如下：

抗美援朝纪念塔

公元一九五〇年六月二十五日，朝鲜爆发全面内战，美国立即进行武装干涉，同时派第七舰队侵入我国台湾海峡，美国还置我国政府严正警告于不顾，将战火烧到鸭绿江边，出动军用飞机侵我领空，轰炸扫射我边境城乡，我国安全受到严重威胁。为了援助朝鲜人民，保卫刚诞生的新中国，中共中央和毛泽东主席高瞻远瞩，作出抗美援朝、保家卫国的伟大战略决策。

同年十月十九日，彭德怀受命率领由中华优秀儿女组成的中国人民志愿军，高举爱国主义和国际主义旗帜，开赴朝鲜战场，与英雄的朝鲜人民并肩抗击侵略者。

全国各族人民开展轰轰烈烈的抗美援朝运动，全力支援前方将士，世界爱好和平的国家和人民坚决支持中朝人民的正义斗争。

中国人民志愿军不负众望，不畏强暴，克服种种困难，以劣势装备，同以美国为首的具有现代化装备的“联合国军”展开浴血奋战。历时两年零九个月，与朝鲜军民一起，将侵略军从鸭绿江边驱回“三八线”附近，迫使其于一九五三年七月二十七日在《朝鲜停战协定》上签字，伟大的抗美援朝战争胜利结束。中国人民志愿军与朝鲜人民军共歼敌一百零九万余人。

中国人民志愿军完成了祖国人民赋予的光荣使命，打出了国威、军威，创造出无数可歌可泣的英雄壮举，为世人敬仰，被誉为“最可爱的人”。中国人民为维护远东及世界和平做出了重大民族牺牲，志愿军将士作战伤亡和失踪共三十六万余人，为反侵略斗争的历史谱写了光辉篇章。

为铭志中国人民志愿军的千秋功业，慰藉先烈英灵，激励后人奋进，中共中央、国务院、中央军委决定修建抗美援朝纪念塔。邓小平同志题写塔名。

为抗美援朝战争献身的烈士永垂不朽！

中国人民志愿军的英雄业绩万古流芳！

一九九三年七月二十七日

2021年9月30日国庆假期伊始，以抗美援朝战争第二次战役中的长津湖战役为背景的电影《长津湖》上映之后，热度居高不下，持续占据票房第一。长津湖是朝鲜北部最大的湖泊。电影聚焦的长津湖战役，是中国人民志愿军进入朝鲜后与美军的第一次正面战斗。又因为战场正处在零下40摄氏度的极端寒冷的天气，所以格外惨烈。当时是1950年11月27日，志愿军在此地包围了以美军为主的“联合国军”以打击其东线先头部队。由于战事紧急，我方第九兵团在冬衣尚未备齐、通信联通不畅的情况下匆匆就位。他们要直面的是装备齐整的精锐部队美海军陆战一师。在如此劣势之下，战士们以决死作战的精神把双方装备的悬殊转变为战斗意志的比拼。战役结束后，打扫战场的志愿军在一位牺牲战士的

中国人民志愿军缴获的美七师三十一团团旗，现藏于中国人民革命军事博物馆

口袋里发现了一张字条，上面写着：“我爱亲人和祖国，更爱我的荣誉，我是一名光荣的志愿军战士，冰雪啊，我绝不屈服于你，哪怕是冻死，我也要高傲地耸立在我的阵地上。”

电影主人公原型之一，时任志愿军第 27 军 80 师 239 团 4 连连长李昌言，与战友一举攻破美方指挥所后所缴获的“北极熊团”团旗至今还被收藏在中国人民革命军事博物馆。

和长津湖战役并称为抗美援朝三大战役的还有上甘岭战役和金刚川战役。

上甘岭战役发生在 1952 年 10 月 14 日至 11 月 25 日。志愿军部队坚守“人在阵地在，誓与阵地共存亡”的原则，在 43 个昼夜中击退“联合国军”冲锋 900 多次。随着战事的拖长，这场仅两个连兵力防御，3.7 平方公里范围内的小规模阵地争夺战逐步升级。双方不断增加兵力和火力投入，最终调集 6 万余人，炮 300 余门，坦克 170 多辆，飞机轰炸多达 3000 多架次。其中，“联合国军”先后发射炮弹 190 多万发，炸弹 5000 余枚。炮火把山头整整削低 2 米，翻起了 1 米多厚的石沫。由于投入重型武器数量太多，上甘岭战役空前激烈。据统计，其炮火的密集程度已经超过了二战峰值，达到了 6 发 / 秒。上甘岭阵地反复易手 59 次，最终由志愿军成功守住阵地。“联合国军”除去损兵 2.5 万、飞机 270 架之外，其试图以强力的军事进攻胁迫我方在谈判桌上作出让步的打算也彻底落空，上甘岭成了他们的“伤心岭”。

金刚川战役隶属于金城战役，发生在 1953 年夏季，行动目标是修复金刚川浮桥，确保金城战役的交通运输线畅通无阻，以拿下金城战役，确保停战协议签订。原本金刚川上有一座岩里大桥，它是通往金城前线和东海岸三条重要公路的交汇点，也是方圆几十里唯一的载重桥梁。在其被完全破坏后，志愿军重新架起木桥来保证兵员、辎重、军火的运输。在金城反击战前夜，作为交通运输线咽喉的金刚川上的桥梁又一次被炸毁。驻守在金刚川大桥上的工兵营在防守的高炮营、高射机关炮连掩护下，冒着密集的空中轰炸不间断地抢修，伤亡惨重。据参与抢修的贾维娱回忆，在一次桥梁作业时，敌方突然打来上千发炮弹，全连加速了抢修作业，没有一个同志退缩，他本人就是因为此次遇袭，被弹片击中后背受到重伤。可以说，朝鲜战争期间的打不垮炸不烂的运输线是用志愿军的血肉筑成的。

链接

抗美援朝中涌现出了无数烈士和战斗英雄，为完成祖国和人民赋予的使命，慷慨奉献自己的一切。抱炸药冲敌阵与敌同归于尽的杨根思，挺胸膛堵枪眼视死如归的黄继光，双腿伤、忍痛爬、捐躯开路的许家朋，子弹打光拉响手榴弹冲向敌人的孙占元，卧火海忍剧痛、坚守潜伏纪律的邱少云，抢修桥保畅通英勇献身的杨连第，战中日歼顽敌屡建战功的杨春增，冒严寒跳冰窟勇救少年的国际主义战士罗盛教等英雄们，长眠在朝鲜的中国人民志愿军烈士陵园。志愿军以大无畏的革命精神，与敌人奋战，创造了惊天动地的辉煌战绩。

电影《长津湖》的一句台词，描述了“最可爱的人”朴素的心愿：“我们把该打的仗都打完了，我们的后辈就不用打了。”一位老兵回忆起战争时说，上战场的时候怎么能不害怕，但是相比起丢掉自己的性命来说，保卫国家的安全才是更加重要的。也许他们终将会死去，会牺牲，但是哪怕他们都死了，死在异国他乡，只要国家好好地，他们的亲人才能好好地生活。

# 第三节
# 卫国戍边
## ——“清澈的爱，只为中国”

中国疆域广阔，边境线漫长且复杂，陆地边界和大陆海岸线总长 4.1 万多公里。沿边境如螺丝钉一般的边海防哨所是国家的安全防线，北部位于黑龙江漠河市，冬天最低气温可达零下 50 摄氏度；西边位于新疆海拔 4200 多米冬古拉玛山口；东极哨所在 2008 年建立在黑瞎子岛中国一端，最南边“天涯第一哨”东瑁洲仅 0.83 平方公里的土地上唯一的居民就是边防士兵。

为了守护住漫长的边境线，中国共产党将在革命战争中的经验进一步发展，形成了中国的一系列国防策略。中华民族历来秉持“人不犯我，我不犯人”的原则，讲求“有理有利有节”。中国共产党从不主动挑起事端，坚持不放第一枪。然而中国人不好战，却也不畏战，“人若犯我，我必犯人”。1949 年之后，中国进行的历次自卫反击战争均是如此。这个后发制人的策略，本是在抗战时期，中国共产党应对国民党不断制造军事摩擦时的自卫原则，后来成为中国国防的一条红线。不打则已，打则必胜，为了给予敌人足够的威慑，中国必将给予侵犯者迎头痛击。

在20世纪60年代的中印边境自卫反击作战中，毛泽东说：“我们的原则是人不犯我，我不犯人；人若犯我，我必犯人。不为天下先。但是谁要欺负我们，那是不行的。谁都不行。”1962年进行的中印边境自卫反击战，是在中国政府面对印度在中国边境内的扩张行为一再劝告无效后，中国边防部队进行的英勇反击。不但将入侵的印军驱赶出边境，还很快将战线推至印度国境线一侧，在取得重大军事优势后主动停火。

1969年5月，中苏关系紧张，中华人民共和国政府在5月24日发表声明并重申了中方的原则。然而在两国边境线上依旧摩擦不断。仅珍宝岛这一乌苏里江主航道中方一侧的一个小岛上，在1967年到1969年就被苏军侵入达16次之多。中国居民的正常生产与生活受到严重干扰，更有居民和边防战士无辜受伤。1969年1月23日早晨，70多名苏联边防军士兵乘直升机全副武装突袭在珍宝岛上巡逻的中国边防小分队。边防战士在冰面上同其说理，反遭到对方围殴至晕厥。苏联边防军还放出狼狗进行扑咬。边防小队在围攻下受伤28人，其中9人重伤。在纪律约束下，中国边防战士一直没有予以还手，对方干涉殴打时，我方发表主权声明，然后再撤回。边防部队一方面遵照上级指示按时巡逻，同时进行了反击准备。1969 年 3 月 2 日，苏联边防军出动 70 余人，两辆装甲车和两辆军车侵入珍宝岛，袭击中国边防部队巡逻人员，打死打伤 6 人。中国边防部队被迫自卫反击，将入侵的苏军逐出珍宝岛。

1969 年 3 月 15 日，苏联边防军分 3 次共出动 50 余辆坦克、装甲车和步兵 200 余人，在直升机、炮火支援下向守卫珍宝岛的中国边防分队发起猛烈进攻，并用多种火炮轰击中国境内纵深地区。中国边防部队激战近 9 小时，顶住了苏联边防军的 6 次炮火急袭，挫败其进攻。17 日，苏联边防军又出动步兵 70 余人，在坦克支援下入侵珍宝岛。中国边防部队以炮火再次将其击退。自卫反击战中，中国边防军歼敌大部，击毁、击伤和缴获坦克、装甲车、指挥车等 20 余辆，胜利地保卫了祖国的领土，涌现出一些战斗英雄。

国防是复杂的也是简单的。它复杂在除军事斗争外，同时还包含政治、经济、外交领域的交锋；简单在没有足够强大、坚固的军事力量为后盾，国防安全则无从谈起。“强国必须强军，军强才能国安。”中华人民共和国成立以来，中国共产党和人民军队在一次次的国防斗争中坚决维护了国家的利益和尊严。历史证明，党指挥枪的原则是我军夺取胜利的根本保证。党指向哪里，我们的军队就打到哪里。在中国

链接

在庆祝中国共产党成立100周年大会上，中共中央总书记、国家主席、中央军委主席习近平强调“以史为鉴、开创未来，必须坚持中国共产党坚强领导。”“以史为鉴、开创未来，必须团结带领中国人民不断为美好生活而奋斗。”“以史为鉴、开创未来，必须继续推进马克思主义中国化。”“以史为鉴、开创未来，必须坚持和发展中国特色社会主义。”“以史为鉴，开创未来，必须加快国防和军队现代化。”中国共产党将坚持党指挥枪、建设自己的人民军队，把人民军队建设成为世界一流军队。

共产党强有力的领导下，为人民利益而战的中国军队执行好自己的使命。人民军队为党和人民建立了不朽功勋，是保卫红色江山、维护民族尊严的坚强柱石，也是维护地区和世界和平的强大力量。

『航空报国英模』罗阳

——国之重器，以命铸之

地球物理学家黄大年

——『一定要出去，出去一定要回来，回来一定要报国』

第三章

# 勇攀高峰 坚持真理

链接

在中华民族伟大复兴的征程上，一代又一代科学家心系祖国和人民，不畏艰难，无私奉献，为科学技术进步、人民生活改善、中华民族发展作出了重大贡献。新时代更需要继承发扬以国家民族命运为己任的爱国主义精神，更需要继续发扬以爱国主义为底色的科学家精神。广大院士要不忘初心、牢记使命，响应党的号召，听从祖国召唤，保持深厚的家国情怀和强烈的社会责任感，为党、为祖国、为人民鞠躬尽瘁、不懈奋斗！

**——2021年5月28日，习近平总书记在中国科学院第二十次院士大会、中国工程院第十五次院士大会和中国科协第十次全国代表大会上的讲话**

功以才成，业由才广。科技人才是经济社会发展的重要资源，高层次、关键领域人才作为国家重要战略性资源，与国家强盛与否休戚相关。国家、地区、企业之间的竞争归根到底是核心技术的竞争，是高层次科技人才的竞争。从整个科技史来看，谁掌握了先进科学技术与高层次人才，谁就能在科技创新中占据先发优势，弯道超车冲刺。

科学技术是第一生产力，创新是第一动力。实现中华民族伟大复兴，就是中华民族近代以来最伟大的梦想。实现这个梦想，需要大量人才在中国特色社会主义现代化建设的各个方面进行一系列创造性和积极性的活动。中国共产党自成立以来就高度重视科学技术事业。其中，人才强国战略，是中国共产党从当前突破技术难关，精准满足经济社会发展需求，全面推进社会主义现代化国家建设，提高党的执政能力所做出的重大决策。在多年的努力下，中国科技整体水平高速发展，科技力量和影响得到了前所未有的彰显，在新一轮科技革命和产业革命到来时不会再因错失机会而扼腕。

科学家们科学报国的故事，既饱含他们对科学真理的追求，又彰显出他们对国家和民族科技使命的担当与奉献，这是对伟大建党精神的生动诠释。科研人员是知识边界的开拓者，他们像每一个探索者一样，身上具备迎接并克服困难的进取心和进入未知领域的冒险精神。科学家身上都有着超越常人的毅力和勇气，对科学的兴趣和热情使得他们面对挫折失败时不屈不挠。“明知山有虎，偏向虎山行”，越是困难的领域他们越需要研究。

科学家如何发挥才能，关系着国家乃至世界的进步。科学家的道义，无须多言，应是追求真理。在埋头钻研的同时，科学家还对社会、对国家、对民族、对整个人类负有责任。为人类带来福祉，这是科学家应有的社会情怀。优秀的科学家往往德才兼备。有德行的科学家以扎实的专业知识为根基，将优秀的品德投射到每一个科研项目之中，兢兢业业地为人民服务。钱学森被我们称为“人民科学家”，他是优秀科技工作者突出的代表，他们中有很多人放弃了优渥的薪资和更高的职务，还有很多人在市场经济的冲击下，却依然在冷板凳上稳如泰山，比如“两弹一星”科研工作者、“船骥之托”吴仲华、“航空报国英模”罗阳、进军“深地时代”功臣黄大年、“播种未来”的钟阳……从“两弹一星”到载人航天，从“天眼”问天到万米深潜，这些令人充满自豪的科技发展史，正是由他们一笔一笔写就。

一部科学史，就是一部科学家的精神史。从钱学森、邓稼先、黄旭华到黄大年等，我国不同时期、不同领域的科技工作者有着共同的精神内涵——胸怀祖国、矢志创新。为中华之崛起，为民族之复兴——这是我国一代代科学家的自我

链接

我们黄帝子孙，有悠久的历史，高等的文化与深邃的潜力……对于各种科学，自当有我们特殊的贡献……中华民族，不久当能异军崛起，独树一帜，在科学领域，占它应有的地位。

——严济慈撰写的《科学是国际的吗？》

期许和使命担当。“报国为民”，是我国科技工作者不变的奋斗底色。他们以实现国家富强、民族振兴、人民幸福为己任，把热血、汗水挥洒在祖国大地上。

# 第一节
# “航空报国英模”罗阳
## ——国之重器，以命铸之

1961 年 6 月，罗阳出生在一个军人家庭。在报考高考志愿时，他的志愿全是军工类，经过不断努力，他最终考入北京航空航天大学。刚入大学时，罗阳在学校看过一部资料片，其中的一个场景是由于信息化程度低，我空军飞机还没看到敌机，就被对方击落。这一场景，深深印在他的脑海里：他因我国国防实力与发达国家相比存在的差距而感到震撼。责任感和使命感支撑着他去试图缩短这种差距。

1982 年 8 月，大学毕业的罗阳被分配到誉为中国战斗机设计研究的基地，航空英才的摇篮——国营松陵机械公司，1986 年更名为沈阳飞机制造公司，1994 年 6 月 29 日，经国家经贸委批准，公司更名为沈阳飞机工业（集团）有限公司，为新中国航空的长子。入职不久后，罗阳成为歼-8 Ⅱ设计团队的飞机设计师，从事座舱盖研发。他经常钻到地下室里，一干就是好几个月。设计出图后，他到沈飞跟产。那时交通工具落后，他和同事们每天早晨列队跑步十几里路到沈飞。对此，他却乐此不疲，高兴地说，“我真幸运，刚参加工作就能参与这么重要的任务。”

老一代航空人对航空事业的默默奉献让罗阳坚定了“航空报国”的信念。在20世纪80年代末90年代初，航空工业进入到一个低谷期，沈飞几年都等不到一个新型号，没有几项新的研发任务。市场化的浪潮之下，大多数人选择离职下海，罗阳和他的同事们却选择了坚守。厂里有两万多名员工需要发工资，一个军工企业为了维持生计，不得不全厂转做民用产品。从汽车、洗衣机到铝合金门窗、蒸锅，甚至菜

链接

“20世纪八九十年代，我们没有太多事可干，喜欢读读小说、看看外语、打打牌。”曾与罗阳在沈阳共事的李文志记得，好几回找罗阳玩，他竟然在灯光昏暗的办公室里看技术资料。沈阳所机电系统部副部长郑伟至今仍珍藏着一本用废纸订成的草稿本，上面清晰的字迹，密密麻麻地写着各种公式和运算过程。这个草稿本是罗阳于20世纪90年代初，在沈阳飞机设计所工作时所做的笔记，当时罗阳率先开始用计算机替代手动方法计算座舱盖温度，草稿本上记录的正是这一计算机程序设计的全过程。

刀，什么都做过。在困境中，罗阳坚持不放下专业，尽管每月拿着几十元的工资，但他仍想尽一切办法找到国外资料进行钻研，后来，罗阳回到北航攻读硕士学位。

2002 年 7 月，罗阳由沈阳飞机设计研究所调入中航工业沈阳飞机工业（集团）有限公司，重归航空事业轨道的罗阳以超过身体负荷的工作强度奋战在祖国航空事业一线。2007 年，罗阳任中航工业沈阳飞机工业（集团）有限公司董事长。由于他身处重要领导岗位，工作忙碌辛苦，数个重点型号的同时研制他都需要跟进。他说："研制新装备乐趣无穷，任务再多也开心。十多年前我们的航空业与发达

链接

中国工程院院士、沈阳航空航天大学原校长杨凤田说："我们最大的追求，就是通过努力，使我国的先进战机能够早日装备部队，使我国的国防工业能够尽快缩小与发达国家的差距。"

"在罗阳身上，航空报国不是一句空话，他参与研发机型都是国家急需的。国家需要，你又没有参考，怎么办？这种压力我完全可以体会。"中航工业沈飞党委书记、副董事长谢根华说："我们这一代人，有着自觉承担国家使命的责任感，我们相信有真实的实力，才有真实的外交。"

链接

原中国航空工业集团公司副总经理李玉海说：“没有罗阳提出的厂所合作设计制造一体化，就没有歼-15舰载机在这么短的时间取得这么大的成绩。”

国家相比是望尘莫及的，而今天，我们正在向着同台竞技努力。”

作为在海洋战场上夺取与保持制空权、制海权的重要力量，舰载机就是航母的双翼、出鞘的利剑。能够起降舰载机的航母，才是完整意义上的作战平台。在舰载机项目开始时，国内既不具备相关的技术资料，也未有前例可循。研制工作的开展在许多基本条件都不成熟的情况下上马，在成千上万的环节中，每一次都是边学边干大胆尝试。关关难过关关过，作为负责人的罗阳，持续着每周干7天，每天干11小时的工作节奏，这样紧张的节奏，一直坚持了两年。项目收尾的最后一个月，罗阳几乎没有了休息时间。在2012年10月31日和11月3日，罗阳作为研制现场总指挥的两个重点型号先后首飞成功，创造了沈飞公司乃至中航工业历史上的一个奇迹。其中，歼-15航载机仅仅用了12个月的时间就

2012年11月29日，罗阳追悼会现场

研制成功，刷新了世界航空史新纪录。罗阳带领着沈飞完成了国家多项重点型号任务，成为中国重要的歼击机制造基地之一。

军工企业的企业管理和发展对罗阳来说是一个崭新的课题。罗阳在工作中不止一次思考做企业是为了什么。军工企业不同于一般的企业，“沈飞的责任实质是国家责任”。他说：“航空报国是使命，我们不是在做事，我们是在从事一项事业。”进行深入了解后，在企业管理上，罗阳将企业军用、民用、通用、非航空四大类业务划分成四大单元，并且制定了不同的发展战略，引进了EVA、综合平衡计分卡、精益六西格玛等现代管理工具。实现了公司营业收入年均增长

16%，利润年均增长 34%，企业产值将连续三年超过 100 亿元。在航空研制方面，罗阳果断放弃研究所设计——沈飞制造的原有程序，将两个单位的工作人员整合成为“飞鲨”团队，做联合设计和联合制造。具体来说，就是在设计开始时，制造工艺人员就入组，缩短设计与制造的距离。这种团队模式让飞机研制效率提高了约 40%。在军用产品的生产上，一个航空零件事关国防与军队。有一年由于交付空军的飞机胶圈标准未及时更新到新的工艺要求，出现了漏油的现象。罗阳组织厂区 1 万多名员工和领导班子一起将不合规的 2 万多老胶圈统一剪断销毁。他就任沈飞总经理后，随即推行严格化、规范化、标准化、精细化的数字化管理，一改过去以手工为主的零件装配方式，尝试对生产方式的不断革新。2011 年，罗阳着手组建快速试制队伍，以提高新机研制、装配的效率，获得了极好的效果。

面对自己的工作与成绩，罗阳表现得很淡然。他平时不太在意穿着，总是穿着工作服，腕上的一块旧电子表，表带早就断了，后换的表带和表盘也不般配。他很低调，很少接受新闻采访。2012 年，罗阳当选中航工业系统优秀党员。集团要拍事迹片，却找不到罗阳开会之外的影像素材。摄像师多次去找他都被婉拒。他说：“我离优秀共产党员的标准还有差距，让我出来讲述，我很不好意思。”

罗阳的一生都奔跑在航空报国的跑道上，前 20 年研发设计飞机，后10年制造生产飞机。2012年11月17日22时，罗阳率队参加珠海航展后飞回沈阳。还来不及回一趟家，就连夜赶到了大连，并在次日，乘坐直升机登上了“辽宁号”航空母舰。抛下行李箱的他转身登上了塔台，指挥歼-15舰载机的首飞。首飞成功了，当飞行员从歼-15中走出来，罗阳激动地拥抱住了他。2012年11月24日，中国首批舰载机全部完成航母起降训练，圆了几代航空人让战机从陆地跨向海洋的梦想。而罗阳并不满足。在“辽宁号”航母成功完成任务，快要驶抵大连港时，罗阳和中国航空工业集团公司副总工程师、歼-15舰载机总设计师孙聪，两个人站在甲板上，共同探讨下一个型号的未来：如何将舰载机在航母上试飞时的先进技术和先进管理经验应用到沈飞的日常生产中……这是孙聪与罗阳的最后一次交谈。

死神在向罗阳招手，在生命中最后一夜，罗阳想的依然是国防事业、航空事业的发展。2012年11月25日12时48分，身为歼-15舰载机研制现场总指挥的罗阳终于见证了中国航空实现从陆地到海洋跨越这一历史性时刻。此时的罗阳，由于劳累过度，突发心梗，在距离医院不到100米的路上，年仅51岁的他以身殉职。在为他操办身后事时，秘书从他随身携带的行李中却找不到一套像样的西装，办公室副主任吕殿凯在他的日常资料中翻了又翻，却没有发现可以作为他遗照的照片，只有一些在生产现场的镜头。最后，罗阳的遗照是请人从某个庆典留影合照中截取下来的。

罗阳的去世，是中国航空事业的一大损失。他组织实现的多项国家重点项目成果为祖国航空工业做出了卓越的贡献。中国航天从“望尘莫及”到“望其项背”，并争分夺秒地向“并驾齐驱”的目标前进，是一批又一批罗阳一样的航空人凭借着豪迈与激情，夜以继日地工作所取得的成就。在2022年中国第十四届珠海航展上，我国诸多高精尖设备逐一亮相。尤其是歼-20系列自问世以来，首次全员出现并地面静态展示。随着中国军工产业的现代化和信息化，中国已有了亮剑的自信。中国在新型装备研发领域已经迈入先进行列。

## 第二节

# 地球物理学家黄大年

### ——“一定要出去，出去一定要回来，回来一定要报国”

黄大年是国家战略科学家，作为首席科学家，他在 7 年时间里，组织全国 400 多位优秀科技工作者攻关“高精度航空重力测量技术”和“深部探测关键仪器装备研制与实验”两个重大项目，大大缩短中国同世界先进水平差距，推动中国进入“深地时代”。

科学钻探的技术难度极大。自 20 世纪中叶以来，各国先后开始启动科学钻探计划。其中又以德国、美国和中国作为第一批成员，发起国际大陆科学钻探计划。“向深地进军”是我国重要的科技发展战略方向。但现实与目标有着很大的距离。我们不具备高精度地球物理仪器的生产技术，能做到的开采深度不足 500 米，远远低于世界先进水平能实现的 2500 米至 4000 米范围。所以，如果想在此次实现“弯道超车”，中国首先就要突破探测仪器的核心技术。黄大年解决的便是这一个问题。

链接

在记者采访中，黄大年用“小米加步枪”的比喻形容中国深探装备的世界水平，“我国的入地探测装备大部分靠进口。如果说我们是‘小米加步枪’的部队，人家就是有导弹的部队，是这样一个差距。”对于深探装备项目完成的意义，黄大年又用了另一个比喻：“5 年前我们是跟跑，经过努力，到了现在，进入并跑阶段，部分达到领跑。”

通过 5 年时间的不懈努力，以黄大年团队研制出我国第一台万米科学钻——“地壳一号”为标志，配备自主研制的综合地球物理数据分析一体化的软件系统。我国的深部探测能力已经达到国际一流水平，局部处于国际领先地位。中国深探装备从基本依赖进口到总体达到国际领先水平，并且以装备技术为先导推动深地资源勘探开发，彻底摆脱了国外技术封锁，做到了自给自足，最终达到保证国家战略安全。不仅如此，黄大年带领研究团队 7 年间共完成国家 9 个重大项目，49 个攻关课题。电影《黄大年》片尾字幕写道，他的研究团队走完了西方发达国家用 20 年走过的路。

而令人痛惜的是，黄大年让人惊叹的科研成果背后是透支生命的付出。2016 年 11 月 28 日晚，在由北京飞往成都参加“第七届教育部科技委地学与资源学部年度工作会”的飞机上，他因腹部痉挛昏迷送至医院。次日他仍坚持参会。2016 年 12 月 8 日，从北京出差回到长春后，黄大年住院治疗并进行手术。因手术并发症，2017 年 1 月 8 日，黄大年不幸去世，年仅 58 岁。

社会给予黄大年极高的评价。在感谢他为中国的教育科研事业做出突出贡献的同时，更敬仰他以身殉国的精神，称他是“新时代海归科技报国的楷模”“无私的爱国者”。

黄大年 1958 年出生在广西南宁，1977 年考入长春地质学院（1997 年更名为长春科技大学，2000 年并入吉林大学），获得学士和硕士学位，毕业后留校任教。6 年后，黄大年获“中英友好奖学金项目”资助，赴英攻读博士学位，也开始了他长达 17 年的海外奋斗生涯。2009 年，黄大年 51 岁，他已是英国剑桥 ARKeX 航空地球物理公司高级研究员、研发部主任，地球物理研究领域享誉世界的科学家。在科研行业正是收获荣誉与尊重，享受掌声的时候，作为基于快速移动平台实施海陆环境精确探测技术开发领域的翘楚，他有着优渥的物质待遇，科研条件更是令人艳羡。黄大年团队有三百多人，掌握了当今世界顶尖的科技，可用舰船、飞机等快速移动工具，对深海、深地、深空进行精确探测，应用范围包括油气和矿产资源勘探，更可以用潜艇进行军事攻防和穿透侦察。

链接

国家在我心中是最高的，我没有敌人、没有朋友，我只有国家利益。国家的强大是我的梦想。

——黄大年

为国家立心，为民族铸魂。据黄大年的弟弟黄大文回忆，2002年黄大年参加南宁同学聚会时，有位同学问黄大年：“你已经是功成名就的大科学家，早就入了英国籍吧？”黄大年坚定地回答，“我绝不入英国籍，回国是早晚的事。”

2008年12月，中国政府制定《中央人才工作协调小组关于实施海外高层次人才引进计划的意见》，决定围绕国家重大发展战略组织实施海外高层次人才引进计划，吸引人才回流。时任吉林大学地球探测科学与技术学院院长的刘财将计划相关材料试探性地通过邮件发给了黄大年，本不抱有期望，没想到，黄大年很快就答复说：“多数人选择落叶时归根，但作为高端科技人员应该在果实累累的时候回来更好，而我现在正是最有价值的时候，应该带着经验、技术、想法和追求回去，实现报国梦想。”在2009年平安夜，51岁的黄大年满怀强国抱负，以专家的身份回到祖国，成为东北第一个引进的专家，回到了母校吉林大学。

冬日寒风，吹不散归国游子心中的豪迈。黄大年一人好比千军万马，奔腾进入到建设祖国的伟大洪流之中。为了尽快追赶上技术差距，黄大年几乎榨干了自己所有的时间。他每天晚上都是两三点睡，没有周末。一天休息 5 小时，有时甚至 3 小时。中午稍微打个盹儿，有时周末能补半天觉。这是他在国外养成的习惯。但在国内周末时间都用来工作和开会了，这种补休的习惯就没有了。

黄大年的办公室在吉林大学地质宫 507 室，那是一栋比较老旧的砖瓦楼，炎热的夏季，如果碰到雨季，屋顶铺的锯末吸满了水，顶层的五楼又闷又热还不住渗水。他办公室里能蒙上塑料布的地方都蒙上了，屋里摆着脸盆和大桶。而他自己则穿着 T 恤衫、大短裤，坐在屋子中央，专注地工作。助理一边替他打着伞，一边核对数据。这一幕被检查修缮情况的学院领导看到，说："黄老师，这屋站不能站，坐不能

**链接**

1982 年 1 月 15 日，黄大年在给同学的毕业赠言中写道："振兴中华，乃我辈之责！" 1988 年，黄大年加入中国共产党。他在入党志愿书中写道：若能做一朵小小的浪花，奔腾呼啸着加入献身者的滚滚洪流中，推动历史向前发展，才是一生中最值得骄傲和自豪的事情。

坐，怎么能工作啊？”他回答：“我们手头要做的事情很多，一天都耽搁不得！”据看门师傅庞春江回忆，黄大年下班总是比较晚，大都在凌晨一两点钟。黄大年自己也曾在朋友圈说：“4 年前的平安夜，我从剑桥彻底归来了。也巧了，此后 4 年几乎都是一个人在异地度过这熟悉的夜晚，因为老赶上出差……” 7 年间，他平均每年出差 130 多天，最多的一年出差 160 多天，而每次出差的日程都被安排得满满的。

这样的工作强度，严重影响了黄大年的身体健康。2016 年 12 月 5 日晚上，在黄大年出差北京期间，他接受了生前最后一次记者采访。记者问起前几日在成都，他因为胃疼晕倒的事，黄大年回答：“这不是第一次，这是第三次，已经有两劫了。有一次在实验室，因为准备项目几天没睡，起身时动作很快，一阵眩晕，就倒地上，把同事都吓哭了……不是我一个人这样，国家许多专家很多人都是如此，默默无闻就走了。”3 天后，黄大年从北京出差回到长春，就住进了医院。这一次他没有再能回到他的工作岗位。因为去世的突然，他没有对家人留下只言片语，像一个休止符标注在人生乐章的最高潮。

黄大年本来就已经享誉盛名，然而在归国后，他依旧能以苦修一般的状态科研攻关。问起黄大年为何会有如此激情，他说：报答国家对他的资助，最关键的时候是国家帮助了他。他始终觉得自己欠着国家的一份情，在他读书期间，国家给了他资助，给了他留学的机会。他认为国家的事都是大事，国家需要他，他就会拼尽全力去工作。在纪念黄大年长篇报告文学《心有大我，至诚报国》中有这样一段话："其实他是个共产党员，但是我们觉得如果是从宗教的角度来看，他就像个殉道者——已经没有自己了。他为了所追求的科学真理，为了报国的信念，真的是完完全全地献出了自己。"

海外的游子们回望祖国，回忆故乡的云与水，缱绻的思念变成了深沉的爱恋。在黄大年的感召下，人工智能专家王献昌、汽车工程专家马芳武、智慧海洋专家崔军红等一大批在海外享有较高知名度的专家纷纷回国效力。在中国，海外游子以赤子情怀反哺祖国，自晚清以来已经成为一个传统，过去有钱学森，今天有许许多多的"黄大年"，给我们留下了许多感人肺腑的故事。

链接

没人强迫，只是自找，总想干完拉倒，结果没完没了，公事家事总难两全。忽见，正下瑞雪，空气清新，一幅月下银霜自然美景，让人在空旷的停车场上心旷神怡，不忍离去。

——黄大年

链接

黄大年在入党志愿书上是这么写的：“人的生命相对历史的长河不过是短暂的一现，随波逐流只能枉自一生。”他不在乎待遇，也不在乎头衔，给他评优他就以没时间整理材料推脱。他经常提起老一辈的科学家们，他说父母从小就教育他要向这些科学家们学习。他的偶像是“两弹元勋”邓稼先，他曾在朋友圈转发关于邓稼先的缅怀文章，并以寥寥数笔记录感慨。他将老一辈受人爱戴的科学家们的精神传承了下来，将智慧聚焦到国家急需的前沿问题，将精力放在踏踏实实培养国家科研人才方面。

他说：“我们国家从一个大国向一个强国迈进过程中，需要很多很多像我这样的人回来参与这个建设。”

谷文昌——『不治服风沙，就让风沙把我埋掉！』

廖俊波——『背石头上山』的引路人

右玉『绿化功臣』——不信春风引不回　敢叫大漠换新天

第四章

# 敢闯敢试 鞠躬尽瘁

链接

1925年，毛泽东为《政治周报》撰写发刊词时指出，“为什么要革命？为了使中华民族得到解放，为了实现人民的统治，为了使人民得到经济的幸福。”[1]而从1842年开始，清政府、北洋军阀政府、南京国民政府先后与22个国家签订了745个不平等条约。这些丧权辱国的不平等条约，令人思之痛心之余，更让人民距离美好的生活越来越遥远。中国共产党人坚持共产主义远大理想，也践行中国特色社会主义共同理想，把远大理想和实践统一起来，带领中国人民走上民族复兴之路，再次以平等的姿态站在了世界民族之林。中国共产党真正践行了改造世界的承诺。

知易行难。中国共产党人敢闯新路，不断进取。进取是心中藏着大梦想，从细节着眼，小处着手，立足岗位干好手头的平凡事，把小事做精、大事做细的人生价值取向。进取是一个人为达预期目标而不断奋斗的过程，是一种向上的人生精神之精髓。进取精神体现了一种“充塞于天地之间”的浩然正气，也体现了一种“吾将上下求索”“天下兴亡，匹

1 《〈政治周报〉发刊理由（一九二五年十二月五日）》，《毛泽东文集》第一卷，人民出版社1993年版，第21页。

夫有责”的冲天豪气。周恩来在青年时代就立下“为中华之崛起而读书”的豪迈誓言，在这种不断进取的奋斗精神的感召和激励下，他用自己一生的努力奋斗演绎了一个革命实干家的梦想传奇。在中国革命过程中，为了能够取得更大胜利，毛泽东创造了“敌进我退、敌驻我扰、敌疲我打、敌退我追”“强敌跟追”“盘旋式打圈”等一系列游击战术，这是党在不断进取的过程中，在总结大量经验的基础上实现的最大突破。新中国成立以后，虽然我们在进取的途中有一段时期走了弯路，但十一届三中全会以来，中国人民还是突破了自我，走上了改革开放的中国特色社会主义强国之路。

中国共产党终将要把理想转化为现实。中国共产党向全国人民做出了彻底摆脱贫困的庄严承诺。贫穷不是社会主义。新中国成立之初，毛泽东同志就提出了中国发展的目标，指出“这个富，是共同的富，这个强，是共同的强，大家都有份”。社会主义基本制度的建立，为逐步实现共同富裕奠定了社会制度基础；1953 年 12 月 16 日，中共中央委员会通过《中共中央关于发展农业生产合作社的决议》，首次正式在文献中出现“共同富裕”一词，为“使农民能够逐步完全摆脱贫困的状况而取得共同富裕和普遍繁荣的生活”；改革开放后，邓小平同志多次强调共同富裕，指出，“社会主义不是少数人富起来、大多数人穷，不是那个样子。社会主义最大的优越性就是共同富裕，这是体现社会主义本质的一个东西。”[1];1990 年，全国绝大多数地区解决了温饱问题，我国开始向小康社会迈进；我们坚持走社会主义道路，根本目标是实现共同富裕，然而平均发展是不可能的。

当然，实现共同富裕是一个长期的历史过程。对于中国共产党来说，脱贫攻坚同样是一场硬仗，是党和人民共同跨越的又一次“万里长征”，是千万扶贫工作者垒建起的又一座“万里长城”，是中国历史上又一个震撼人心的“八年攻坚”，是对伟大建党精神的又一次践行与阐释。如何消除贫困是世界性的难题，中国共产党集中优势资源将它攻克下来。一方面，中国已经有能力投入大量的物资和资金；另一方面，是全党、全社会，尤其是一线的扶贫工作者和基层干部产生的惊人力量。党的十八大以来，全国选派出 19.5 万优秀机关干部到村任职“第一书记”，这是中国共产党在中国大地上又一次点燃的星星之火。“全面建成小康社会最艰巨最繁重的任务在贫困地区，特别是在深度贫困地区，无论这块硬骨头有多硬都必须啃下，无论这场攻坚战有多难打都必须打赢”。在云南怒江傈僳族自治州组成一支支“背包工作队”，走最险峻的山路，到最偏远的村寨，挨家挨户解决易地搬迁群众的后顾之忧，饿了吃自带的干粮，困了拿出睡袋打地铺。为了让群众喝上安全水，全国脱贫攻坚楷模、新

1 《善于利用时机解决发展问题（一九九〇年十二月二十四日）》，《邓小平文选》第三卷，人民出版社 1993 年版，第 364 页。

疆伽师县水利局局长刘虎豁出命来，在发现自己身患肺癌的情况下，仍坚持奋战一线，找水源、探路线、定方案。一个个深度贫困堡垒要一场场战役攻打下来。中国共产党还看到，在做好扶贫工作的同时，既要防止返贫，又要时刻警惕工作作风问题，防止可能出现的形式主义和官僚主义。脱贫工作不是一蹴而就的，前路仍有坎坷，等待着中国共产党去践行。

改革开放40多年来，中国在扶贫事业上取得的成绩是举世瞩目的，是中国特色社会主义政治制度价值的有力体现。2021年2月25日，习近平总书记在全国脱贫攻坚总结表彰大会上庄严宣告："我国脱贫攻坚战取得了全面胜利"。全面脱贫，为中国共产党进一步推进共同富裕奠定了一个坚实基础。中国共产党第二十次全国代表大会报告对共同富裕作出了更多阐释："中国式现代化是全体人民共同富裕的现代化，不能只是少数人富裕，而是要全体人民共同富裕"。共同富裕是中国式现代化五个特征之一，在党的领导之下，共同富裕获得了实实在在的成绩。我国已经在实现幼有所育、学有所教、劳有所得、病有所医、老有所养、住有所居、弱有所扶目标的过程中前进了一大步。

在全球治理中，中国已经有实力为世界提供中国经验和中国方案，为当前全球仍然在贫困线下挣扎的国家和地区介绍中国的扶贫模式、扶贫理念，帮助全球减贫。

链接

人均预期寿命增长到七十八点二岁。居民人均可支配收入从一万六千五百元增加到三万五千一百元。城镇新增就业年均一千三百万人以上。建成世界上规模最大的教育体系、社会保障体系、医疗卫生体系，教育普及水平实现历史性跨越，基本养老保险覆盖十亿四千万人，基本医疗保险参保率稳定在百分之九十五。及时调整生育政策。改造棚户区住房四千二百多万套，改造农村危房二千四百多万户，城乡居民住房条件明显改善。互联网上网人数达十亿三千万人。

**——摘自《高举中国特色社会主义伟大旗帜，为全面建设社会主义现代化国家而团结奋斗——习近平在中国共产党第二十次全国代表大会上的报告》**

# 第一节

# 谷文昌

## ——“不治服风沙，就让风沙把我埋掉！”

在 2019 年中华人民共和国成立 70 周年之际，经党中央批准，中共中央宣传部等部门决定在全国范围广泛开展“最美奋斗者”学习宣传活动，激励广大干部群众以“最美奋斗者”为榜样。在同年 9 月 25 日公布的“最美奋斗者”个人名单中，新中国成立初期南下干部、时任福建省东山县委书记谷文昌的名字出现在其列。

福建东山岛是我国第七大岛，同时也是福建省内的第二大岛。1950 年 5 月 12 日，人民解放军解放了东山岛，作为中国人民解放军长江支队五大队三中队五小队队长的谷文昌随军登岛。从此，谷文昌这个名字便和东山紧紧联系在一起。从 1950 年 5 月上岛之初至 1953 年初，谷文昌先后担任东山县城关区委书记、县委组织部部长、县长、县委书记。目睹着东山县恶劣乃至几乎不适宜生存的自然环境，谷文昌和他的战友们决心一定要推翻被东山百姓称为“三座大山”的风、

链接

谷文昌，男，汉族，中共党员，1915年10月出生，1981年1月30日去世，河南林州人。曾任福建省东山县委书记。他在福建省东山县工作14年间，带领东山县人民与风灾、旱灾抗争，植树造林，兴修水利，改善交通，发展生产，把一个风沙肆虐的荒岛变成生机盎然的东海绿洲，为经济建设和社会发展奠定了坚实的基础，赢得了东山十万民心。“文革”期间，谷文昌同志下放到福建省宁化县河口公社红旗大队，带领当地百姓兴建隆陂水库、改良土壤实现水稻亩产上千斤，被当地百姓成为“谷满仓”。习近平总书记称赞他“在老百姓心中树立起了一座不朽的丰碑”、是“四有干部”的典范、“县委书记的好榜样”。2009年9月，谷文昌同志被评为“100位新中国成立以来感动中国人物”。

沙、旱，造福东山人民。然而，已经从大陆败逃台湾的国民党以及与东山近在咫尺的国民党残余势力不允许谷文昌和他的战友们安心搞建设。因此，摆在谷文昌面前的首要任务是带领战友们和东山群众赢得保卫东山岛的胜利。

1953年7月16日，趁着朝鲜停战谈判临界之际，经过反复试探、精心策划，国民党金门防卫司令胡琏以解放战争以来所谓最全面最新式的海陆空立体攻势，纵兵一万一千余人、舰艇十三艘、飞机数十架、坦克数十辆，再加上国军首次投放战场的空降兵，对只有一千人公安守备部队的东山岛展开了大规模大纵深的立体进攻。7 月 16 日拂晓，胡琏亲自指挥十三艘现代化的美式登陆艇在东山岛南部抢滩登陆，向东山我军民群众发动进攻。

在东山岛保卫战中，县长谷文昌作为战场总指挥不怕流血牺牲，始终出现在战斗第一线，随时掌握部队需要，指挥并带领群众和民兵为我军运送补给和弹药。作为县长，谷文昌在三天的战斗中始终是哪里最危险就出现在哪里，身先士卒带领群众同国民党反动派英勇斗争。除此之外，当年在太行山上支援刘邓大军时已积累丰富经验的谷文昌还指挥岛上群众为部队组建了临时救护站，使大量解放军伤员能在负伤之后很快得到包扎救治。在军民合力坚守三昼夜之后，我军增援部队到达并彻底粉碎了敌人的进攻。东山保卫战以我军的全面胜利、敌人的彻底失败而告终。毛泽东主席给予了这场战斗极高的评价："东山保卫战的胜利，不光是东山的胜利，也不光是福建的胜利，而是全国的胜利。"

东山岛一战之后，国民党军队再未发起过进攻和袭扰。自此，谷文昌和东山人民终于可以集中精力搞建设，集中一切力量面对另一场更艰难的战役——制服"沙虎"。

东山岛四面环海，可谓四面来风，一年到头，六级以上的大风天气就达 150 天之多，而 220 平方公里的土地上，林木面积却只有区区 147 亩。海岛的东南部，还有横亘 30 多公里、总面积达 3.5 万多亩的沙漠。更可怕的是，沙漠里还存在着多达 40 多个流动沙丘，它们更以神鬼莫测的诡异吞噬着沙漠边际的村庄。在这广袤的沙滩上，微风乍起，便已沙尘滚滚，遮天蔽日。人们一次次种下庄稼，又一次次被风沙淹没。在风沙中揉着泪眼，眼泪流干了，眼泪红肿了。在地处风口的山口、湖塘两个村子，谷文昌和他的战友们上岛的那一年，患有红眼病和烂眼病的就有 400 多人，其中 40 多人成了盲人，而这两个村庄的总人口不过 1600 人。群众痛恨地称沙害为“沙虎”“沙妖”。当赖以生存的土地被沙尘吞没之后，无以为计的农民只好离岛逃荒要饭，据当时估计，整个东山，因灾害而外出谋生者达十分之一。

1954 年，谷文昌开始担任东山县委书记。在几年前初到东山之际，目睹东山县饱受“沙虎”折磨，谷文昌就暗暗立下誓言——“不制服风沙，就让风沙把我埋掉！”为了兑现承诺，谷文昌说干就干，忍受着因疼痛流泪导致红肿的双眼，走遍了东山岛上的 412 个山头，查看了每一个沙丘。

改天换地何其难也，谷文昌带领群众经过了一系列屡

在福建省漳州市东山县，谷文昌纪念馆被命名为“全国爱国主义教育示范基地”

战屡败的顽强斗争。对于改造沙荒，由于没有经验，谷文昌带领东山群众种下了十万株相思树、槐树、黄槿树、苦楝树等十多个树种的树苗，然而秋天一场大风便将全部努力化为乌有。只剩下苦楝树能活，但到秋天会落叶，不能起到挡住风沙的作用。后来发动群众种植各种草，也挡不住风沙。谷文昌又组织东山人民出动上万名劳动力，经过日夜奋战，筑起 39 道宽 10 米、高 2 米、总长 2.2 万米的堤坝。然而仅仅一年便因风刮雨淋毁于一旦。从 1952 年至 1956 年整整 5 年间，谷文昌和东山群众并没有找到根治沙荒的方向。在这种艰难的情况下，唯一的出路只有埋头苦干，继续试验，试验失败了，总结经验再干，再失败再总结经验去干。

经过多次试验，1956年底，终于在白埕村沙滩上发现几株生命力强、冬天不会落叶的木麻黄树。谷文昌和县委随即进行防治沙荒全面规划，提出了“以造林为主，综合治理，全面制服”的一系列措施。1958年，谷文昌和县委提出“栽树防风打冲锋，排山倒海战沙荒”的战斗口号，动员全党全民一齐动手，开展群众性的沙荒造林运动。开始，摸不着木麻黄的生长规律，多在春季晴天造林，却不知道木麻黄幼树耐寒耐旱力差。1958年3月12日，在沙滩上共栽树20万株，却在不到一周之后的3月18日遭遇春寒而大部分被冻死，成活率不到20%。湖塘大队在沙丘栽了1600株，只活两株。一些人说：“沙地种木麻黄是瞎子点灯白费蜡。”有的说：“是不是再改别的办法治沙？”有个年纪大的农民说：“如果沙荒能造林，我愿意拔下胡须洗马桶。”

“人民的需要就是我们的工作。”谷文昌并未被挫折打垮，尽管困难重重，他仍然毫不动摇。他决定一方面由干部带头继续坚持试验，在白埕大队沙滩试验营造林带，在湖塘大队试验沙丘营造固沙林，在山口大队试验海滩营造基干林带；一方面派人到广东等地“取经”。通过试验和外地考察，证实无论是沙滩、沙丘都可以造林。同时谷文昌还十分重视群众的经验，他总结白埕大队由“多季造林发展为夏季冒雨造林”，以及湖塘大队老贫农蔡海福由“客土造林”创造为

东山县老百姓为了纪念谷文昌，在谷文昌纪念馆，将其中一棵谷文昌亲自栽种的木麻黄树命名为“谷公树”

像种瓜一样“带土造林”的经验，并在全县各社队推广这个造林经验，最终一般成活率达到了 95%以上。[1]

在小面积造林取得成功之后，谷文昌带领群众开始进行大面积的沙荒造林。面对种苗不足的新困难，谷文昌一方面组织社员到外地的深山里采摘种子，一方面发动各队自办苗圃，动员社员拿出一些耕地育苗。仅 1959 年全县就育苗 1000 多亩，出苗 1000 多万株，全部满足大造林的需要。但是，沙荒造林比起山地和房前屋后种树更加困难，为了达到“种一株活一株，栽一片成一片”的目标，沙荒造林要冒雨进行。每逢倾盆大雨，谷文昌就带领全县党政军民一齐出动，以“雷霆万钧、排山倒海”之势向沙荒进军，多时每天出动超万人。全县一万六千多亩防护林，就是在谷文昌的带领下，艰苦奋斗、排除万难，一株株培植起来的。[2]

截至 1963 年，全县荒山和沙荒共造林 73039 亩，占宜林地 70.1%；营造沿海百行基干林带 13 公里，护田林带 223 条，总长达 18.43 万米。许多秃头山、荒沙滩都栽上了树，已初步形成纵横交错的绿色林带和林网。营造防护林不仅挡住了风沙，而且调节了气候，滋养了水源，保持了水土。许多干部和群众说：“人种了树，树保了地，地增了粮，

1 谷文昌：《用革命精神改造自然建设海岛》，《福建党史月刊》2021 年第 2 期。
2 同上。

粮养了人。”“林带是粮带，是钱带，是生命带。”“听毛主席的话，跟共产党走，就是有奔头，沙虎也投降了。”赤山村有个新加坡归侨，1962 年回家，由于村庄已隐藏在林带之中，竟找不到自己的家园，他感动地说：“如果 30 年前有这片树林，我就不用逃到南洋去了。”[1]

1964 年，谷文昌调任福建省林业厅副厅长。在谷文昌调离东山时，全县已营造 3 万多亩防风固沙林、6 万多亩水土保持林、201 条林带。谷文昌在东山一共 14 年，使东山岛彻底改天换地，由人间荒漠之孤岛变成了人间仙境之绿洲。

在谷文昌生命的最后时刻，为了给他的身体增加一点抵抗力，医生想要给他注射一支血球蛋白，可一听这种药一针要 200 多元时，谷文昌当即拒绝：“不必了。我这样的病，好不了了，干吗还要给国家造成浪费？”1981 年 1 月 30 日，当谷文昌逝世的消息传回东山时，东山人民泣不成声。根据他的遗愿，1987 年 7 月 15 日，东山群众把他的骨灰安葬在他亲手建立的赤山林场。从此每年清明和春节敬祖之时，“先祭谷公，后拜祖宗”已成为东山的一方民俗。[2] 到过东山的作家梁晓声曾为所见所闻而慨叹道：“我无论如何也想不到，

---

1 谷文昌：《用革命精神改造自然建设海岛》，《福建党史月刊》2021 年第 2 期。

2 钟自炜：《福建省东山县原县委书记谷文昌——誓把荒岛变绿洲（最美奋斗者）》，《人民日报》2019 年 9 月 18 日。

今日的福建东山岛美景

在中国，在今天，一位共产党的县委书记，在他死后，会被普通的当地民众尊称为‘公’。”

今天的东山，天蓝、水碧、海湾美，沙白、林绿、岛礁奇。“举首不见秃头山，低头看不见飞沙滩，上路不被太阳晒，树林里面找村庄。”作为国家级生态县，今日的福建省漳州市东山岛，当年谷文昌描绘的愿景早已变为现实。“我们的沙滩格外美”，是东山人的骄傲；“国家级生态县”是东山岛的美誉。[1]

---

1　杨振武，牛一兵，余清楚：《三十四年后的追寻“四有”书记谷文昌》，《人民日报》2015 年 4 月 7 日。

“看见木麻黄，想起谷文昌。”谷文昌为东山留下千千万万的木麻黄，千千万万的木麻黄又从千千万万人的心里拔节而生。岁月的洗礼，让他的身影愈加清晰挺拔，他的精神穿越时空、历久弥新。[1]

1　杨振武，牛一兵，余清楚：《三十四年后的追寻“四有”书记谷文昌》，《人民日报》2015年4月7日。

## 第二节

# 廖俊波

### ——“背石头上山”的引路人

脱贫攻坚的每一个故事都发生在人民群众中。无数基层党员和人民群众既对抗穷山恶水，也对抗落后疲懒，共同追求美好未来。这些故事中包括 9899 万农村贫困人口、832 个国家级贫困县、12.8 万个贫困村，也包括 25.5 万个驻村工作队、300 多万名第一书记和驻村干部、200 多万名乡镇干部和数百万乡村干部。廖俊波的故事便是其中的一个。

廖俊波，一位有着杰出工作能力的基层领导干部，在 2015 年，他作为全国优秀县委书记受到了习近平总书记接见。大家说，廖俊波就像救火队长，哪里有急难险重任务，哪里就有他。他走到哪里，哪里就大变样。熟悉他的人都说说，“廖俊波是一个非常乐观、幽默的人，你们千万不要把他写成一个工作狂。他真的把工作当成了一种爱好，把全心全意为人民服务当成自己毕生追求的事业。”一次，廖俊波的司机林军问：“领导，你觉得累吗？”廖俊波解释说：“带孩子够辛苦吧，但父母为何乐在其中呢？因为信念！人有信念，就不会觉得累。”

“1998 年特大洪灾”的灾后重建是廖俊波走马上任福建省邵武市拿口镇党委副书记、镇长后的第一个任务。他走访了受灾的几百户居民了解情况，最后还自己贴钱，保证在 1999 年春节受灾群众都能够在重建的新房中过年。他在邵武市担任副市长时，通过建设专业化产业平台，组建省级经

链接

廖俊波，1968 年 8 月出生在福建省浦城县管厝乡一个普通家庭，生前曾担任福建南平市委常委、常务副市长，武夷新区党工委书记，政和县委书记等职。2017 年 3 月 18 日傍晚，在前往武夷新区开会途中，不幸突遇车祸，因公殉职，年仅 48 岁。噩耗传出，八闽含悲。这位闽北人民交口称赞的好书记永远地离开了他热爱的这片土地。出殡那天，吊唁的人从四面八方赶来，前后数十里路水泄不通，告别仪式上，许多人情难自抑，泪如雨下。短短几天时间，41 万人次通过网络为他吊唁，“政声人去后，丰碑矗人间”“当官能为民着想，凝聚民心国家强”“俊波一路走好，政和人民想念你”等等，都是老百姓对这位人民的好领导发出的由衷表白。

济园区，三年将规模工业总产值翻番。邵武市历史遗留的国有企业不良债务 1.3 亿元及 13 家企业债务链得到化解。期间有近 200 亩工业用地投入正常使用。廖俊波任南平市政府副秘书长期间，解决了城区地质灾害防治、配电站房整治、夏道山后村用地纠纷等痼疾。2007 年，廖俊波调任荣华山产业组团管委会主任，他带领一名副主任和一名司机，拿着 2000 万元启动资金，一切从零开始，将一片山头规划建设成为整个园区。规划设计、征地拆迁、配套设施、招商引资都是他全权负责。在筹建工作紧锣密鼓进行时，他还不断驱车前往浙江、广东等地招商，四年来，跑了 36 万公里。最终廖俊波完成征地 7000 多亩，招商引资签约项目 51 个，开工项目 23 个，总投资 28.03 亿元。

廖俊波政绩簿中最为精彩的一页是他担任福建省南平市副市长和福建省政和县委书记期间，将这个经济长期居于全省末尾，全县财政收入只有1.6亿元的“全省之尾”变了模样。原来的政和县没有高速公路，只有两条过境省道。没有市民广场和文化中心，居住的水电都尚未改造，高压电缆和弱电线暴露在半空，一集中用水就会出现供水瘫痪。作为一个位于沿海省份的县城，这种情况在中国已是极其少见的了。廖俊波几乎把全部心血投入到这个县城的发展，这是真正勤政为民的体现。“城市经济应优先于工业经济发展；改变一座城市面貌，不可能一蹴而就，而是要通过不断建设与投入，每年给政和人民一个惊喜，这样持续几年，必有所成”。在廖俊波的领导下，以交通牵头基础设施全面落成，政和城镇化率从 31% 提高到了 46%，新建省级经济开发区规模达到 3600 亩。2013 年至 2015 年蝉联全省“县域经济发展十佳县”，三年多时间，县贫困人口就减少了 3 万多人，脱贫率达 69%。至 2016 年，全县财政收入从 2011 年的 1.6 亿元上升到 4.5 亿元。最重要的是，廖俊波扭转了政和县低迷不振的生产生活态势，彻底改变了当地干部群众思想封闭的观念。政和人认同了廖俊波的这句呼吁：“一切为了政和的光荣与梦想！”

2011 年 6 月，廖俊波来到福建政和县，开始了历时两个月的深度调研。经过调研发现对发展经济造成直接制约的首先就是交通不畅。现有公路等级低，数量少，路况差，经济受此拖累；其次是政和县的交通不属于政策扶持范围。中央“三线”工业基地建设战略中，闽北“小三线”分布并没有辐射到政和县，政和县也没有实力雄厚的国有企业带动当地发展；最后是开发成本高。政和县位于闽北交界处，以山地丘陵为主，少量平原散落分布在山地之间，腹地纵深小，可开发空间有限。往来交通流通受限怎么能发展起来经济？但是从长远来看，政和的地理位置有其自身的优势。

“把人心聚拢起来，把信心提振起来，政和才有可能发展。”廖俊波组织全县副科级以上单位负责人，开了三天的发展交流会，统一思想、凝聚共识。廖俊波将原本的领导班子用项目组的形式重新分工，按照“一个目标、一班人马、一套机制、一笔资金”的要求，先后成立了11个项目组，分管城市经济发展、茶叶产业发展等。时任县政协副主席的刘斌原想“退居二线”，廖俊波几次找他谈话，希望他任项目组组长。许绍卫，时任县人大副主任，廖俊波先后三次登门拜访，请他兼任县城驻地的熊山街道党工委书记。许绍卫说：“廖书记再三动员，听我说年龄大了，头发白了，第二天就送了一盒染发剂给我。”

以诚待人，以情动人，以心交人，这就是廖俊波让身边人变“要我干”为“我要干”的秘诀。从政和县当时经济情况来看，工业处于起步阶段，以零散的中小型企业为主，门类不具有地方特色和集聚效应。廖俊波以工业追赶引领经济提速，以工业升级主导产业转型，通过积极发展新领域，按照引进一个大企业改变一个产业的思路，努力在产业发展方面寻求新的突破。工业对于全县经济具有支撑作用，能够为全县财政税收带来明显增幅。大力发展工业经济要以产业平台为依托，优化产业环境，形成规模产业、特色产业、新兴产业乃至形成产业链。2012年10月，廖俊波提出在石屯镇建设政和省级经济开发区，总规划面积25平方公里，重点布局机电制造、食品加工、竹木制品深加工三大产业。在一个偏僻的山区里搞大工业，不论从招商、运输、人力等方面来看都不是一个优选。有人形容就是背着石头上山，吃力不讨好。一些人对此不以为然，讥笑为“画饼计划”。而廖俊波信念坚定，因为这不是他坐在办公室里“拍脑门”下的决策。他与其他工作人员经过调查研究，认为经开区所在的石屯镇位于城市下游，中心镇区下风口，工业建设不会对城区环境造成影响。这里还是县内新开通的高速公路和金丽温高速公路的接口，交通运输便利；且恰在“长江三角经济圈”“珠江三角经济圈”“海峡经济圈”叠合部，能享受经济辐射。作为经济开发区前景看好。廖俊波对此相当有信心，“背着石头上山也要干！只要同心合力就能干成事。”2012年7月，取名“同心”的经济开发区终于破土动工，三个多月即完成征地3600亩，半年后首家企业投产。廖俊波坚持能在现场就不在会场，只要时间允许就来查看施工情况，据统计，从开发区建设起到他离开政和县，这位县委书记前去那里考察调研的次数多达136次。当地干部群众深有感触地说：“开发区是廖书记一脚一脚踩出来的。”

面对难题，廖俊波想出的办法，要么是从实际出发，巧妙调动有限的资源及有利条件，要么是以双赢争取到支持的力量。根据调研情况，在全县的务虚会上，他带头提交了一份答卷，指出政和县的发展必须扬长避短，走特色化、差异化的路子，在抓好现代农业的基础上，致力于突破工业、城市、旅游、回归等“四大经济”。在实际布局时，政和县山

在福建省南平市武夷新区党校廖俊波先进事迹展示馆，展出的廖俊波同志塑像

高地少，要想办法提高土地利用率，每一块地都要用在刀刃上。工业用地方面，关键要提高投资强度。城市空间则可以通过对接其他成熟旅游综合风景区得以解决。同时他还抓住省里帮扶的机会作为助力，大大加快发展建设的进度。这种策略与中国共产党坚持实事求是、因地制宜的革命和建设经验是一致的。

廖俊波所在的岗位虽然官职不高，但实权都不小，每一个岗位都是“糖衣炮弹”密集轰炸的目标，是考验干部党性操守的关键岗位。在担任县委书记等职务期间，廖俊波搞开发、征土地、忙招商、建工程，经手的很多是涉及土地、资金的“敏感”“高危”项目。但他始终坚持党性原则、坚守廉洁底线，绝不为自己和家人朋友谋取一丝一毫的利益。廖俊波走到哪里，都这样强调：“谁要打着我的旗号拉关系、搞工程，一丝不能容忍，我没有这样的亲戚朋友。”他跟父亲“约法三章”，来政和的话，只能住在父亲的一位朋友家中，不能住宾馆，不能接受任何人任何单位的吃请。父亲每次来政和都按照儿子的交代去办。另外，廖俊波每年还拿出3个月工资帮助困难的农村孩子上中专。

从治理一个国家的角度来看，县一级单位，在中国的国家治理结构中的地位是特殊的。县级单位长期以来面临着贯彻落实中央的方针政策，独立自主开展各项事务的双重挑战。廖俊波作为县委书记有着极高的政治素养和现代治理能力。他在推进地方县域发展中展现出来的真抓实干、时不待我、勇于开拓、奉献为民的实干精神，实现地方治理“善治”的实绩，具有典型的示范意义。政和县的故事，也说明了制约地方发展的不止有恶劣的自然环境，人的主观能动性和政策在奔向富足生活的大道上也是不容忽视的。一位优秀的新时代共产党员和领导干部，既要有焦裕禄式干部的品格，为了群众的福祉鞠躬尽瘁，又要具备应对新时代复杂社会问题的本领。廖俊波将党和人民事业作为人生志向。作为一位基层干部，他身上既具备热情和忠诚的优秀品质，又富有强烈的领导风格和个人魅力，有着信念坚定、为民服务、勤政务实、勇于担当、清正廉洁的新时期好干部的优秀素质。

## 第三节

# 右玉“绿化功臣”

### ——不信春风引不回　敢叫大漠换新天

对于环境保护，中国一向十分重视。1973 年 8 月，在周恩来总理的亲自督促下，国务院委托国家计划委员会在北京召开了第一次全国环境保护会议。会后，国家计委通报了当时国家环境和生态的真实情况。周恩来总理当年在接待外国经济代表团时，叮嘱说中国的外援工程项目，一定要做好环保工作，保证不使土地、河流和空气遭到污染。

周恩来总理在生命的最后几年，在中国各个方面都还很不发达的时候已经将环保提上了国家治理的日程。他认为，在社会主义制度下，我们治理环境污染是有制度优势的，我们能够避免走上资本主义国家先污染再治理的老路。在党和国家的高度重视下，1982 年，中国就制定出经济建设、社会建设、环境规划同步实施与发展的先进指导方针。后续又提出“资源节约型”“环境友好型社会”“美丽中国”等具有首创意义的思路。

链接

曲格平，中国首任国家环境保护局局长、世界著名环境科学专家、中国环保事业创始人之一。1972 年，曲格平作为中国政府代表团成员出席了在斯德哥尔摩举行的第一次人类环境会议，开启了其专职从事环保事业的人生之路。曲格平认识到环境问题与经济发展之间密不可分的关系，认为是“发展不足”造成了中国的生态问题，只有发展经济才能创造包括适宜的环境在内的高度物质文明和精神文明，强调在发展的同时保护环境，避免走西方国家“先污染，后治理”的弯路。他在中国经济开始突进的八十年代大胆地提出引进国外先进的管理经验，结合国情制定了八项环境管理制度和措施，并在全国普遍实施，从而避免了中国环境状况的进一步恶化。为建立和完善具有中国特色的环境保护道路做出了突出贡献，为了表彰他在制定、指导和执行具有中国特色的环境管理政策方面的献身精神和优异成就，1987 年，联合国环境规划署授予他“联合国环境规划署金质奖章”。

尽管中国的经济发展起来了，生态环境却还是受损了。2013 年，中国环境问题专家曲格平接受《南方周末》记者专访，虽然对环境保护现状十分担忧，但他仍然相信，中国已经具备了综合实力，完全有能力做好环境治理。他认为，从当前的发展程度和趋势来看，对国家，对中国共产党来说，环境保护的重要性已经到了事关生死存亡的程度。他说：“现在全国上下都认识到，不惩治腐败要亡党亡国。我认为，不消除环境污染，不保护好生态环境，也要亡党亡国。对环境治理要下决心，再不能停留在口头上和纸面上了。”

良好的生态环境是最普惠的民生福祉，是全面建成小康社会的题中应有之义。2015 年，李克强总理在第十二届全国人民代大会第三次会议上做政府工作报告，报告指出，环境污染是民生之患、民心之痛，要铁腕治理。2021 年 3 月 11 日，十三届全国人大四次会议表决通过了关于国民经济和社会发展第十四个五年规划和 2035 年远景目标纲要的决议。“十四五”规划明确提出生态文明建设实现新进步，推动绿色发展，促进人与自然和谐共生，提升生态系统质量和稳定性，持续改善环境质量及加快发展方式绿色转型是中国 2035 年的目标之一。

那么，在中国经济还需要继续解放生产力，扩大消费市场，现代产业体系还需要发展巩固壮大的当前，中国是否能够真正与自然和谐共生，实现绿色发展。对此抱有怀疑态度的人恐怕并不少。但是在中国，一个叫作右玉的普通县城，用 70 多年的坚持，向质疑者证明了对于发展和环境之间的矛盾，中国共产党能够解决好。“终见‘善无’变善有，已将沙洲换绿洲”——右玉，是中国共产党人生态文明建设的生动样本。

右玉隶属山西省朔州市，地处晋蒙交界的毛乌素沙漠边缘。现有 150 万亩绿化面积、1 亿棵树，排起来可绕赤道两圈半；林木覆盖率达到 54%，高出全国平均水平近 20 个百分点；治理沙化面积 200 万亩，占当地沙化总面积的 88.9%。被誉为“国家水土保持生态文明县”，当选联合国“最佳宜居生态县”。如今这如诗如画的塞上绿洲，使人们很难相信，70 多年前的右玉被外国专家断言为“不适宜人类居住的地方”，并建议全县整体迁徙。

中华人民共和国成立之初，右玉县 295 万亩土地，仅残留树木 8000 亩，森林覆盖率不足 0.3%，还有 225 万亩土地被完全沙化，沙漠化面积达 76.4%，亩产只有 38 斤。干旱严重限制着农业的发展。这里的降水分布不均，春冬季节降水量极少。在此等降水分布下，农田肥力无法聚集，作物播种困难。在 20 世纪四五十年代的右玉，风沙肆虐时，不仅寸步难行，连好不容易种下的粮食都会被刮走。当地老百姓哀叹道：“一年一场风，从春刮到冬，白天点油灯，晚上土堵门”，“春种一坡，秋收一瓮；除去籽种，吃上一顿。”

山西右玉县明长城牛心堡的初秋美景

村里95岁的伊小秃老人回忆：从有记忆起，这里的‘大黄风’就是他最大的敌人。这种风常刮起于沙漠地带，自西北向东南席卷而来，能迅速在平地积起沙丘，甚至将行人掩埋。以前，右玉家家户户的门都是朝里拉，而不是往外推，否则第二天风沙过后，门就被沙堵得打不开了；学校的学生，每人都备着一盏小煤油灯，一旦大风吹来，黄沙漫天，白天便和黑夜一样，他们就点煤油灯继续上课。据《朔平府志》记载："每遇大风，昼晦如夜，人物咫尺不辨，禾苗被拔，房屋多催，牲畜亦伤。"来过这里的人都感叹：右玉真穷、真苦、真荒凉！

那么右玉是如何脱胎换骨，从荒漠变为绿洲的呢？2015 年 1 月，习近平总书记在同中央党校第一期县委书记研修班学员座谈时，讲到了右玉历届县委带领人民群众治沙造林的故事，并要求大家要有"功成不必在我"的境界，像接力赛一样，一棒一棒接着干下去。右玉的蜕变，是 70 多年来右玉人民和一届又一届的干部齐心协力，不畏艰难，在人定胜天的信念之下，进行的一场发展观念的深刻革命、发展方式的深刻转变，更是绿色政绩观的一场生动实践。

在当时，想要在右玉种活一棵树"比养活一个孩子还难"。在恶劣的自然环境下，别说是种出一片树林，就连挖坑都充满了挑战，举步维艰。

据当地的百姓回忆，沙堆里种树很不容易，刚刨出的坑，不一会儿就又被沙子埋住了。只能边刨边栽，沙子不停地往下陷，得手快眼疾，镐头铁锹施展不开，就用双手刨；一个人不行，就围上几个人一齐刨，刨出坑，赶紧垫上河泥、放下树苗，这才松了一口气。栽活一棵树比养大一个娃还要难，这话一点不假。天天瞧，日日盼，头年种下的树眼看伸直了腰，长出了绿叶，可还没来得及笑逐颜开，秋天一场拔地而起的大风，冬天一场严酷难当的冰霜，一片片就又都倒下了。

据说，眼前的树林是在强劲的风沙中，被右玉百姓倔强地“按”在土地上的。被风吹跑了，接着“按”，有的时候，一棵树要被“按”上几十次，才能在狂沙中“安下家”来。

1949 年 6 月，张荣怀被任命为中共右玉县首任县委书记，在沙尘暴的洗礼下，来到了这片贫瘠而荒凉的土地。他是一个开拓者，要为居住在此地的四万多名群众筹划出一条能吃饱穿暖的路子。在战争中浸染出来的一身硝烟味道还没有散尽，张荣怀和一同上任的县长江永济一道，背着地图和军用水壶，参考着《朔平府志》，用 20 天的时间走遍了这里几近干涸的苍头河和掩盖了北城墙的黄沙洼。张荣怀深刻懂得右玉百姓背井离乡走西口的迫不得已，他决心要拦住这将生活的希望一并吹走了的漫天黄沙。

而他想到的办法，简单而直接，那就是种树。只要树能生根，风沙就吹不进右玉，人也就能在这里生根。在 1949 年 10 月 23 日的县委工作会议上，张荣怀第一次提出：“右玉要想富，就得风沙住；要想风沙住，就得多栽树；家家都不误，人人十棵树。村干部带头好，人人都来植好树！”在他的带动下，右玉县各个村的村民都开始将种树当作一件大事，将树作为和风沙开战的武器。

在“换领导不换蓝图，换班子不减干劲”的口号中，县委书记们始终把植树造林放在第一位，自张荣怀起，右玉一代代县委书记展开绿色接力，秉承着一张蓝图干到底的精神。他们从实际出发，因时制宜，充分发挥主观能动性，不断取得新胜利，书写了一个个感人至深的故事，种下了一片片希望之林。

在恶劣的环境中，如何坚持植树造林，如何加快进度实现绿化达标，如何使右玉人民生活好起来？在这场造福于民的接力赛中，来自现实的挑战从未缺席。20 世纪 80 年代末，山西许多县都大力进行收益高投入少见效快的煤炭开发。患有严重胃病的第五任右玉县委书记庞汉杰，体重不足 100 斤，上级考虑到他的身体，提出要将他调往其他富裕的县时，他却选择坚守在右玉。在他的带领下，右玉县人民摸索出了多种种树方法，例如“穿靴”“扎腰带”“贴封条”等，造林 14 万亩。第十二任右玉县委书记袁浩基从长远出发，从人民的实际利益出发，仍选择坚持植树造林。他说：“绿色不进，风沙就进。耽误植树就是罪人！”右玉县的第十四任县委书记师发以身作则，主动作出承诺，如果无法率先实现绿化达标，自愿免去其现任职务。

在右玉的沙地中种树极其艰难。想要给植物浇水，不仅需要耗费大量车马人力、爬坡上岭，而且在沙地中，浇下去的水瞬间不见踪影，可谓难上加难。第十一任县委书记常禄

今日的右玉县，从不毛之地到塞上绿洲

决心攻克这个困难。经过考察，他跳出春秋两季栽植的旧思维，在 1977 年发明了“三季植树”的新植法，即在七八月份的雨季造林，省时省力的同时还有望提高植物的成活率。经过试栽，这个新想法取得了巨大的成功。仅在一年内，右玉县就成功造林 18.8 万亩，零星植树 97.8 万棵，成就了右玉造林史上的两个“最”，成为植树造林力度最大、进度最快的一年。

接力棒到第二十一任右玉县委书记张震海手中时，右玉林木绿化率不仅提高到了 56%，还抚育各种苗木 8 万多亩，成了有名的育苗基地。张震海说：“从过去缺树苗到现在卖树苗，右玉已经发生天翻地覆的变化，正成为一片充满希望的沃土。”

70 多年的绿化征途中，历任县领导班子不仅植绿了右玉，还植出了干部群众鱼水情，植出了右玉人民的好生活。

在右玉，党员干部始终心怀人民，践行着共产党员的责任与担当，不惜付出生命也要完成任务。威远堡村党支部书记毛永宽，每次植树时都冲在最前面，不顾劳累坚持挖坑植树，有一次昏倒后再也没能醒来。杨千河乡党委副书记张一，是群众心中的好干部。2005 年 4 月 11 日，凌晨三点，张一和乡亲们在拉树苗回乡的过程中，不幸发生车祸去世。在追悼会上，全乡群众涕泪成行，十里相送。在右玉南山公园里，耸立着一座绿化纪念碑，上面刻着新

链接

践行宗旨，就是对人民饱含深情，心中装着人民，工作为了人民，想群众之所想，急群众之所急，解群众之所难，密切联系群众，坚定依靠群众，一心一意为百姓造福，以为民造福的实际行动诠释了共产党人“我将无我、不负人民”的崇高情怀。

——2021 年 6 月 29 日，习近平总书记在“七一勋章”颁授仪式上的讲话

中国成立以来 17 任县委书记的名字。右玉人民深知这些共产党员都是为人民服务的，人民对党有深厚的感情，愿意听党话跟党走。右玉群众万众一心，为家乡的绿化事业做出了巨大贡献。

李云生是右玉县当地的种树大户，曾承包万亩山地种树。在当时，因为生态环境恶劣，乡亲们不得不背井离乡，这让李云生产生了承包荒山，绿化家乡的念头。2001 年，李云生包下了 1 万多亩荒山，但真正的困难才刚开始。为了种树，他不得不四处借钱，借款高达近百万元。每天天还没亮他就上山，刨下一个个坑，栽下一株株幼苗，在山上一待就是一天。饿了就喝凉水就干粮。再大的困难也阻挡不住他为右玉的绿化事业出一份力的决心。

链接

为治理马头山，李云生累计投入了400多万元，建起一处占地面积50亩的苗圃，在山上先后栽植落叶松、油松和樟子松7200亩，柠条4000亩，杏树近1000亩，杨树1000亩，使250万余株树苗在马头山的山山岭岭扎下根，总造林面积近14000亩。

绿化荒山，从青丝到白发，现在的李云生已经60岁了。他说："总书记教导我们绿水青山就是金山银山。我的梦想是有朝一日让马头山不仅绿起来，而且富起来。作为一名党员，有一分热就要发一分光。我会时刻牢记习近平总书记这次在山西说的话，每人植几棵，每年植几片，年年岁岁，日积月累，祖国大地绿色就会不断多起来，面貌就会不断美起来，人民生活质量就会不断高起来，我愿意一直与马头山做伴，让马头山所有的沟沟洼洼绿起来，为右玉的绿化事业做贡献。"

获得"全国劳动模范""全国三八绿色奖章"的余晓兰，生在青山绿水的美丽云南。1989年随丈夫来到右玉，看到这里恶劣的自然环境和贫苦的现实生活，她没有被眼前的场景吓倒。她说："希望有一天，右玉也能像家乡云南那样，到处是绿水青山。"怀着这个梦想，余晓兰和丈夫拿出一生的积蓄，开始了植树造林。30 年间，余晓兰种植了 163 万棵树，10 亩人工沙棘苗，完成了自己最初的梦想。而现在，余晓兰有了从“绿起来”到“富起来”的新目标，她说：“我希望把自己的万亩园林打造成生态休闲旅游区，用自己的双手真正把绿水青山变成金山银山。”

右玉干部和人民群众的“绿色接力”，不仅使右玉改头换面，也形成了宝贵的右玉精神。习近平总书记在谈到右玉精神时表示，右玉精神体现的是全心全意为人民服务，是迎难而上、艰苦奋斗，是久久为功、利在长远。在右玉精神的传承中，右玉不但有了蓝天白云，青山绿水，还发展了许多新兴产业。

2016 年初，在新的起点下，第二十任县委书记吴秀玲领导全县人民进行了创新，开始在观赏性方面进一步升级绿化目标，除了传统的松树之外，还种了多种彩色植物，例如丁香、玫瑰等，设立了观赏性的油菜花基地。逐步从绿色向彩色发展，让彩色进一步助力旅游业。2017 年 5 月，右玉生态文化旅游开发区正式获批成立，成为山西首家省级生态文化旅游开发区。同年 9 月，右玉县成为全国第一批“绿水青山就是金山银山”实践创新基地。右玉不断吸引着大批游客，老百姓办起了农家乐，依靠旅游产业实现了脱贫奔小康。随着土壤条件的好转，右玉的新兴产业随之产生。中药材种植就是其中之一，成为农民增加收入的

链接

据国家林业和草原局数据显示，2019 年，右玉累计接待国内游客 169.78 万人次，实现旅游收入 16.52 亿元。在今年 7 月底举行的招商引资会上，右玉签约 50 多亿元，其中约 10 亿元的项目将深度发掘地热资源，打造高寒温泉度假胜地。预计到 2025 年，全县旅游业总收入将达到 67 亿元，带动农民人均增收 4000 元以上。

重要渠道。

生态的改善、产业的多样化使百姓摆脱了贫困，使右玉成为“绿水青山就是金山银山”的真实案例。从 2014 年开始，三年内右玉累计脱贫近 1.6 万人，贫困发生率降至 0.46%。2018 年，右玉县正式摘掉贫困县的帽子。

作为一个人口基数极大的发展中国家，中国的工业化发展仍在进行之中。然而，中国没有因为有大量人口还处于绝对贫困状态而忽视环境生态，中国一直以来认可自身对环境保护应负担的责任，在脱贫攻坚的同时，倡导“既要金山银山，又要绿水青山”。中国没有让自然环境为经济利益买单，右玉这样的地方更是真正让“绿色”与“发展”形成了互相促进的良性循环，打破了人类走向工业化和现代化的惯性路径。在这场绿色接力赛中，右玉交出了满意的答卷，这不仅是改善生态的绿化史，更是中国共产党带领人民群众走向发展、走向富裕的奋斗史。

# 结　语
# 弘扬光荣传统，赓续红色血脉

伟大精神从激荡人心的历史实践中孕育，镌刻着党从哪里来，标示出党向何处去。伟大建党精神承载的政党和民族的精神力量，在实践中重复着内化与升华，一日更比一日丰富。伟大建党精神已经超越了一党、一国的范畴，突破了意识形态和政治制度的偏见，成为能够为世界认同的文明价值。

中华民族的历史上，出现过众多的民族英雄和仁人志士，他们“不降其志，不辱其身”“先天下之忧而忧，后天下之乐而乐”……鸦片战争以后，中国人以“国家兴亡、匹夫有责”的强烈社会责任感和来源于乡土情结的深沉爱国主义，涌现出无数争取民族独立、人民解放和实现国家富强、人民幸福的榜样和事迹。中国共产党继承中华民族精神，在实践中又为其注入新的内涵，形成了伟大建党精神。

对伟大建党精神的继承和坚守，是中国共产党和不良倾向作斗争的精神武器，是保持党员队伍铁的纪律的内在力量。“红色是中国共产党、中华人民共和国最鲜亮的底色”，从漂洋过海寻回马克思主义的火种到在荒原上屯垦出希望的田野，从越过鸭绿江的英勇之师到所站之处就是界碑的边防部队，从向地球深处前进到消除这片土地上的贫困……穿越百年，尽管今日的世界已经与当时大相径庭，但是理想信念永远不会变，澎湃在一代代中国人心中的伟大爱国主义永远不会变。我们大多数人，也许在今天都不会再面临战争年代的硝烟四起，但每个时代的人都需要面对每个时代的考验，回答好时代之问。辉煌的明天越是近在咫尺，越不能掉以轻心。

改革开放进行到当前阶段，亟待解决的都是最难啃的“硬骨头”。也正因为此，近年来外界频频看到中国共产党“刀刃向内”，反腐败、正风气、严纪律，进一步完善党内制度，果敢向党内顽瘴痼疾开刀，管党治党获得极大成功。中国共产党的建设从“关键少数”延伸到了基层。活跃在各行各业的党员在各自的战场践行着不忘初心的铮铮誓言。

中国共产党的自我革命是与时俱进的，是党的优良传统之一。每一代党的中央领导集体，都需要回答“建设一个什么样的党，怎么样建设党”这一提问。邓小平曾提出：“建立一个什么样的党的问题，这不仅是我们这一代的问题，也是下一代、再下一代的问题。一个国家的革命，核心问题是党。有了一个好党才能引导革命走向胜利。革命胜利后，搞社会主义也要靠一个好党，否则胜利就靠不住。”从中国共产党的性质来看，不断进行社会革命是中国共产党的内在本质和目标要求。如改革开放就是一场新的社会变革，实现了生产力的解放与发展。为了领导这一新的社会变革，中国共产党势必要不断自我革命，以始终保持自身的先进性。十八大以来，中国共产党从中央到地方的几次集中主题教育，要求全党铭记初心和使命，坚持群众路线，从源头上帮助全体党员站稳政治立场，抵御各种风险诱惑。

建设现代化国家，实现中华民族伟大复兴，是近代以来中国人民最伟大的梦想，也是中国共产党百年奋斗历史最鲜明的主题，是党的“初心”“使命”的集中体现。目前，在伟大建党精神的指引和激励下，中国共产党团结带领人民实现了第一个百年奋斗目标，正朝着第二个百年奋斗目标大踏步迈进。中国共产党的百年奋斗史也是中国共产党为中国现代化事业不懈奋斗的过程。在新民主主义革命时期，中国共产党就开始了对国家现代化的构思设计；在建立中华人民共和国后的社会主义革命和建设时期，中国共产党正式开始了对现代化的探索实践；尤其是在改革开放时期，中国共产党的现代化理论不断成熟，实践不断推进，终于在中国特色社会主义新时代实现了现代化的划时代飞跃。党的十九届四中全会贯彻十九大精神，通过了《中共中央关于坚持和完善中国特色社会主义制度、推进国家治理体系和治理能力现代化若干重大问题的决定》，强调中国特色社会主义制度与国家治理体系和治理能力现代化在人类文明进步中的重要地位和作用。

诚然，在现代化的道路上，西方国家有着先发优势，其成功经验和积极成果是对人类发展的重要贡献。然而西方现代化道路有着固有的矛盾弊端、制度局限和历史局限。其在21世纪已经凸显出了一系列危机，如贫富差距悬殊、难民危机、民粹主义泛滥、恐怖主义猖獗、逆全球化和反全球化等。中国式现代化新道路没有走一些西方国家对内掠夺、对外殖民的老路，而是在全面建设社会主义现代化国家新征程上，坚定不移走和平发展道路。中国式现代化新道路的成功实践昭示世人，通向现代化的道路不止一条，它拓展了发展中国家走向现代化的途径，给世界上那些既希望加快发展又希望保持自身独立性的国家和民族提供了全新选择。习近平总书记在庆祝中国共产党成立100周年大会上的重要讲话时强调，我们坚持和发展中国特色社会主义，推动物质文明、政治文明、精神文明、社会文明、生态文明协调发展，创造了中国式现代化新道路，创造了人类文明新形态。

中国式现代化新道路所蕴含的思想、观念以及与世界各国愈发紧密的政治、经济、文化、社会联系，对人类社会文明新形态的发展产生着直接的影响。中国共产党向来以开放、包容、友好、共赢的态度，实行“睦邻”“安邻”“富邻”的外交政策，在联合国维和、海上护航、对非援助、反恐、生态保护等领域发挥着重要作用。截至2021年初，共有140个国家和31个国际组织与中国签署了205份合作文件，并大力推广和宣传“人类命运共同体”理念，不断向世界传递中国积极参与全球治理的责任与担当。尤其是中国在新冠肺炎疫情防控中表现出的能力和态度，向世界表明了这是一个万众一心、众志成城的国家，展现了一个负责任的大国形象。中国与中国共产党的国际地位和国际评价都有了极大的提升。

在新时代，中国共产党受到了国际社会的广泛关注，中国共产党的伟大建党精神是人类文明的优秀成果，是世界文化与历史的一体多样化。期待有更多的世界公民，能基于全球视野，以开阔、理性的视角去了解世界的历史和未来，科学评价世界上各个民族和国家，携手共建世界的美好未来。

# 参考资料


[1] 毛泽东:《毛泽东选集》第一卷，北京：人民出版社 2006 年。

[2] 邓小平:《邓小平文选》第三卷，北京：人民出版社 1993 年。

[3] 习近平:《决胜全面建成小康社会 夺取新时代中国特色社会主义伟大胜利——在中国共产党第十九次全国代表大会上的报告》,《求是》2017 年第 21 期。

[4] 习近平:《努力造就一支忠诚干净担当的高素质干部队伍》,《求是》2019 年第 2 期。

[5] 习近平:《关于坚持和发展中国特色社会主义的几个问题》,《求是》2019 年第 7 期。

[6] 习近平:《在“不忘初心、牢记使命”主题教育工作会议上的讲话》,《求是》2019 年第 13 期。

[7] 习近平:《坚持和完善中国特色社会主义制度 推进国家治理体系和治理能力现代化》,《求是》2020 年第 1 期。

[8] 习近平:《在党史学习教育动员大会上的讲话》,《求是》2021 年第 7 期。

[9] 习近平:《党的伟大精神永远是党和国家的宝贵精神财富》,《求是》2021 年第 17 期。

[10] 习近平:《用好红色资源、赓续红色血脉努力创造无愧于历史和人民的新业绩》,《求是》2021 年第 19 期。

[11] 习近平:《在全国脱贫攻坚总结表彰大会上的讲话》,《人民日报》2021 年 2 月 26 日。

[12] 习近平:《在庆祝中国共产党成立 100 周年大会上的讲话》,《人民日报》2021 年 7 月 2 日。

[13] 中共中央文献研究室，中央档案馆:《建党以来重要文献选编(一九二一——一九四九)》(全 20 册)，北京：中央文献出版社 2011 年。

[14] 中共中央文献研究室:《毛泽东年谱 1949—1976》，北京：中央文献出版社 2013 年。

[15] 中共中央文献研究室:《十八大以来重要文献选编》，北京：中央文献出版社 2018 年。

[16] 中共中央文献研究室:《十九大以来重要文献选编》，北京：中央文献出版社 2019 年。

[17] 中共江西省委党史资料征集委员会，中共江西省党史研究室：《江西党史资料 第十四辑 中央苏区江西省》，1990 年。

[18] [美]哈里森 · 索尔兹伯里:《长征：前所未闻的故事(新版重译本)》，北京联合出版公司 2015 年版。

[19] 陈耀:《忆张思德同志》，北京：中国青年出版社 1965 年。

[20] 本书编写组:《时代楷模廖俊波》，北京：新华出版社 2017 年。

[21] 蔡和森:《蔡和森文集》，北京：人民出版社 2013 年。

[22] 申强:《英雄故事系列：张思德》，江西：二十一世纪出版社 2011 年。

[23] 房维中，金冲及:《李富春传》，北京：中央文献出版社 2001 年。

[24] 逄先知，李捷:《毛泽东与抗美援朝》，北京：中央文献出版社

2000 年。

[25] 傅治平:《精神的升华——中国共产党的精气神》，北京：人民出版社 2007 年。

[26]《国器》编写组:《国器——记全国优秀共产党员、航空工业英模罗阳》，北京：航空工业出版社 2013 年。

[27] 何虎生:《延安精神》，合肥：安徽教育出版社 2019 年。

[28] 何维忠:《南泥湾屯垦记》，天津：天津人民出版社 1959 年。

[29] 胡正清:《王震与南泥湾》，北京：长征出版社 1999 年。

[30] 郭德宏、江沛等:《永恒的延安精神》，天津：天津古籍出版社 2005 年。

[31] 李海文:《中国工农红军长征亲历记》，成都：四川人民出版社 2005 年。

[32] 李富春:《夜行军》，刘统整理注释:《红军长征记》，北京：生活·读书·新知三联书店 2019 年。

[33] 中共湖南省委党史研究室编:《中国人民永远记着他 蔡和森一百一十周年诞辰纪念集》，长沙：湖南人民出版社 2005 年。

[34] 李永春:《蔡和森年谱》，湘潭：湘潭大学出版社 2008 年。

[35] 烈娃，刘朵格:《脊梁 女儿眼中的罗阳》，合肥：安徽少年儿童出版社 2014 年。

[36] 卢功勋:《回顾与思考》，北京：中央文献出版社 2014 年。

[37] 李仁臣:《天道曲如弓——新闻视角下的曲格平》，北京：中国环境科学出版社 2014 年。

[38] 毛眉:《罗阳走后 中国科技知识分子溯源与思考》，北京：作

家出版社 2013 年。

[39] 米晓蓉，刘卫平:《陕甘宁边区大生产运动》，西安：陕西师范大学出版社 2014 年。

[40] 穆欣:《王震的三次长征》，北京：人民出版社 2008 年。

[41] 钱君华:《毛主席视察南泥湾》，上海：上海译文出版社 1978 年。

[42] 清华大学中共党史教研组:《赴法勤工俭学运动史料》第 3 册，北京：北京出版社 1981 年。

[43] 屈钧:《南泥湾的故事》，西安：陕西人民出版社 1978 年。

[44] 王恩茂:《王恩茂日记》，北京：中央文献出版社 1995 年。

[45]《王震传》编写组:《王震传》，北京：人民出版社 2008 年。

[46] 王志君，新疆军区:《屯垦军魂——抗日时期三五九旅南泥湾大生产运动 解放初期驻疆人民解放军大生产运动纪实》，乌鲁木齐：新疆大学出版社 2004 年。

[47] 魏巍:《谁是最可爱的人》，江苏：凤凰文艺出版社 2018 年。

[48] 吴晶，陈聪:《心有大我 至诚报国——黄大年》，长春：时代文艺出版社 2017 年。

[49] 西北五省区编纂领导小组，中央档案馆:《陕甘宁边区抗日民主根据地文献卷》(全二册)。北京：中共党史资料出版社 1990 年。

[50] 袁若宁:《乾坤一少年——蔡和森的故事》，北京：人民日报出版社 2005 年。

[51] 张社卿，李涛:《抗美援朝战争经典战例》，北京：中国文史出

版社 2015 年。

[52] 张允侯:《留法勤工俭学运动》，上海：上海人民出版社 1980 年。

[53] 赵建军:《我国生态文明建设的理论创新与实践探索》，宁波：宁波出版社 2017 年。

[54] 赵耀宏:《延安精神及其当代价值》，北京：人民出版社 2017 年。

[55] 中国革命博物馆，湖南省博物馆:《新民学会资料》，北京：人民出版社 1980 年。

[56] 中国人民解放军六九一九部队政治部:《战斗在南泥湾 革命回忆录》，长沙：湖南人民出版社 1962 年。

[57] 中国中共党史人物研究会:《中共党史人物传》第 6 卷，北京：中国人民大学出版社 2017 年。

[58] 中共中央组织部干部教育局:《五大新发展理念案例选 领航中国》，北京：党建读物出版社 2017 年。

[59] 中共中央组织部组织:《贯彻落实习近平新时代中国特色社会主义思想、在改革发展稳定中攻坚克难案例》，北京：党建读物出版社 2019 年。

[60] 朱焱著:《气候到底怎么了》，北京：中央编译出版社 2017 年。

[61] 本报评论员:《在新长征路上大力弘扬伟大长征精神》，《人民日报》2021 年 7 月 29 日。

[62] 本报评论员:《坚持不懈用延安精神教育广大党员、干部》,《人民日报》2021 年 8 月 3 日。

[63] 本报评论员:《伟大抗美援朝精神跨越时空、历久弥新》,《人民日报》2021 年 8 月 10 日。

[64] 本报评论员:《践行热爱祖国、无私奉献、艰苦创业、开拓进取的兵团精神》,《人民日报》2021 年 8 月 12 日。

[65] 本报评论员:《永远把伟大建党精神继承下去发扬光大》,《人民日报》2021 年 7 月 4 日。

[66] 本报评论员:《伟大建党精神,中国共产党的精神之源》,《人民日报》2021 年 7 月 19 日。

[67] 本报评论员:《深学、细照、笃行焦裕禄精神》,《人民日报》2021 年 8 月 20 日。

[68] 本报评论员:《弘扬载人航天精神 自立自强创新超越》,《人民日报》2021 年 9 月 19 日。

[69] 本报评论员:《大力弘扬科学家精神,勇攀世界科技高峰》,《人民日报》2021 年 10 月 12 日。

[70] 本报评论员:《全党全国全社会都要大力弘扬脱贫攻坚精神》,《人民日报》2021 年 10 月 18 日。

[71] 本报评论员:《弘扬南泥湾精神,走更高水平的自力更生之路》,《人民日报》2021 年 10 月 29 日。

[72] 任仲平:《他的英名和事业永世长存》,《人民日报》2018 年 5 月 2 日。

[73] 任仲平:《新长征路上重整行装再出发》,《人民日报》2019 年 9 月 2 日。

[74] 任仲平:《征途漫漫从头越》,《人民日报》2021 年 1 月 22 日。

[75] 任仲平:《气吞山河的壮阔行进》,《人民日报》2021 年 3 月 3 日。

[76] 任仲平:《百年辉煌，砥砺初心向复兴》,《人民日报》2021 年 6 月 28 日。

[77] 任仲平:《继往开来的世纪伟业》,《人民日报》2021 年 7 月 5 日。

[78] 任仲平:《恢宏史诗的力量之源》,《人民日报》2021 年 7 月 20 日。

[79] 韩庆祥:《以大历史观理解和把握伟大建党精神与精神谱系》,《中国社会科学报》2021 年 7 月 29 日。

[80] 姜潇、姜洁:《“樵夫”的魔力——追记全国优秀县委书记廖俊波》,《人民日报》2017 年 4 月 15 日。

[81] 琚振华:《永不磨灭的背影》,《光明日报》2021 年 8 月 8 日。

[82] 曲青山:《弘扬伟大建党精神（庆祝中国共产党成立 100 周年专论）》,《人民日报》2021 年 7 月 8 日。

[83] 孙振法:《忆战友张思德不为人知的几件事》,《北京日报》2004 年 9 月 13 日。

[84]《中国共产党人精神谱系第一批伟大精神正式发布》,《人民日报》2021 年 9 月 30 日。

[85] 宫韫书，齐荣晋:《在与张思德最后相处的日子里》,《党史文汇》2009 年第 9 期。

[86] 雷英夫:《抗美援朝战争几个重大决策的回忆（续一）》,《党的文献》1994 年第 1 期。

[87] 刘国新:《一次杰出的决策——陈云与抗美援朝开始后的财经方针》,《当代中国史研究》1995 年第 3 期。

[88] 刘树林，石耘:《回忆同班战友张思德》,《炎黄春秋》2021

年第 7 期。

[89] 罗仰虎:《张思德战友武根虎的传奇人生》,《文史月刊》2008 年第 11 期。

[90] 罗忠:《我的战友张思德》,《求是》2008 年第 16 期。

[91]《毛泽东谈中国关于“抗美援朝,保家卫国”的决定》,《党的文献》2000 年第 5 期。

[92] 孟红,许兴达:《大生产运动中毛泽东题词褒奖三五九旅纪事》,《党史文苑》2013 年第 7 期。

[93] 牛军:《越过三八线——政治军事考虑与抗美援朝战争目标的确定》,《中共党史研究》2002 年第 1 期。

[94] 鹏鹏:《张思德的故事——访张思德战友朱旭明》,《福建党史月刊》2004 第 12 期。

[95] 曲爱国:《抗美援朝战争与人民解放军现代化建设》,《当代中国史研究》2010 年第 17 期。

[96] 石平:《反对不思进取不接地气不抓落实不敢担当》,《求是》2017 年第 13 期。

[97] 孙丹:《论抗美援朝战争的国内宣传工作》,《当代中国史研究》2009 年第 4 期。

[98] 王柱鑫:《让南泥湾精神在新时期发扬光大》,《求是》1996 年第 15 期。

[99] “伟大建党精神研究”课题组:《中国共产党的精神之源——学习习近平总书记关于伟大建党精神的重要论述》,《中共党史研究》2021 年 4 期。

[100]《伟大建党精神：中国共产党的精神之源》，《求是》2021年第14期。

[101] 熊坤静:《歌曲〈南泥湾〉诞生记》,《党史文苑》2020年第8期。

[102] 薛鑫良:《不朽的精神 永恒的宗旨——纪念毛泽东〈为人民服务〉发表60周年暨对张思德的战友陈耀访谈记》,《中华魂》2004年第10期。

[103] 颜晓峰:《百年大党恰是风华正茂》,《天津大学学报(社会科学版)》2021年第23卷。

[104] 颜晓峰:《赓续共产党人精神血脉》,《瞭望》2021年第20期。

[105] 颜晓峰:《中国共产党人精神谱系的鲜明特质、系统逻辑和强党功能》,《思想理论教育》2021年第7期。

[106] 颜晓峰:《伟大建党精神与党的精神历程》,《马克思主义理论学科研究》2021年第7期。

[107] 颜晓峰:《坚持底线思维，防控重大风险，立于不败之地》,《党的文献》2021年第4期。

[108] 章百家:《从危机处理的角度看抗美援朝出兵决策》,《中共党史研究》2000年第6期。

[109]《边防营长甘当昆仑卫士 讲述高原戍边艰苦生活》，腾讯新闻2015年6月30日。

[110] 赵承，王振宏，白瑞雪，王炳坤，林晖，周劼人:《英雄魂 赤子心——追记“航空报国英模”罗阳》，新华网2012年12月5日。